# 新版商务礼仪

BUSINESS ETIQUETTE

靳斓——著

中国经济出版社
CHINA ECONOMIC PUBLISHING HOUSE
·北京·

**图书在版编目（CIP）数据**

新版商务礼仪 / 靳斓著 . -- 北京：中国经济出版社，2023.6

ISBN 978-7-5136-7365-5

Ⅰ. ①新… Ⅱ. ①靳… Ⅲ. ①商务 - 礼仪 Ⅳ. ① F718

**中国国家版本馆 CIP 数据核字（2023）第 114335 号**

责任编辑 陈 瑞
责任印制 马小宾
封面设计 任燕飞

**出版发行** 中国经济出版社
**印 刷 者** 北京柏力行彩印有限公司
**经 销 者** 各地新华书店
**开 本** 710mm × 1000mm 1/16
**印 张** 23.75
**字 数** 243 千字
**版 次** 2023 年 6 月第 1 版
**印 次** 2023 年 6 月第 1 次
**定 价** 59.00 元
**广告经营许可证** 京西工商广字第 8179 号

**中国经济出版社** **网址** www. economyph. com **社址** 北京市东城区安定门外大街 58 号 **邮编** 100011
本版图书如存在印装质量问题，请与本社销售中心联系调换（联系电话：010–57512564）

# PREFACE 前　言

沃伦·巴菲特认为：“树立良好的声誉，需要20年的时间。而毁掉它，5分钟就足够了。如果你能考虑到这一点，你就会讲究礼仪了。”

在现代人的成功因素中，80%以上都要靠人际关系。若人际关系不成功，成功只是暂时的；人际关系成功，不成功也是暂时的。要拥有良好的人际关系，对于商务往来而言，商务礼仪是核心选项。商务礼仪，不仅体现了个人修养和为人处世的态度，更折射出所在单位的企业文化和管理境界；不仅是人际关系的“润滑剂”，更能够最大限度减少人与人之间的误解和摩擦。

商务往来中，观察和了解一个人往往需从细微处着手，如穿衣打扮、举手投足、交谈沟通……这些细微处被认为更能客观体现一个人的本质。虽然这种“窥一斑而知全豹”式的判断不一定完全客观，但在以泛泛之交为特点的商务往来中，其常被作为观察和了解一个人的重要依据。

细节印象如此重要，这就需要我们对不同商务场景下的商务形象、言行举止、交往惯例等，都能有所了解。然而，还是有很多人对其知之甚少。

某企业客户接待结束，将客户送到机场道别之际，接待人员对客户说："祝您一路顺风、一路走好……"换来的却是企业领导尴尬至极、客户目瞪口呆的表情。

某企业宴请外宾，领导让同桌同事给外宾斟红酒，不停让"倒满、倒满、倒满"，直到"满溢"才满意；又跟外宾透露喝红酒"绝招"：红酒兑雪碧，多喝不上头……

某单位老总和一位员工同乘电梯时正好站在楼层按钮位置，于是顺手帮员工按了楼层按钮。那位员工赶紧说："×总，真不好意思，让您亲自按电梯。"面对这种让人起鸡皮疙瘩的尬聊，让他很无奈。

礼仪修养主要源于后天的学习和自律，与个人文化程度、社会地位没有必然联系。只要对礼仪的相关规则做到心中有数，再谨记"律己、敬人"的礼仪原则，就能拥有良好的礼仪修养，从而在商务交往中更加游刃有余、得心应手。

我从事礼仪培训工作近20年，培训了2000多家各行业单位。其中既有国家部委机关、高校，也有世界百强、中小企业，对此有直观的体会。

商务礼仪作为一个人或单位提升软实力、竞争力的重要能力，在内外往来中确实能起到至关重要的作用。无论是形象修饰还是穿衣打扮，无论是见面寒暄还是邀约往来，无论是日常交往还是庆典仪式，无论是内部同事还是商务伙伴……熟悉商务礼仪，深谙交往艺术，不仅可以塑造黄金印象，还能赢得他人的好感和尊重，从而打造出良好的人际关系；反之，不是被认为没有善意、不尊重他人，就会被认为缺乏修养、没见过世面。小则失去他人的信任，给商务交往带来障碍；大则给单位带来损失乃至引发外交冲突。

当然，讲究礼仪也绝不是“韩信点兵，多多益善”，而是要注意尺度和分寸。在我看来，礼仪好比人的穿衣，既不能太松也不宜太紧，要讲究而有余地，宽裕而不失大体。以这样能让双方都舒服的规则行事，必然会获得最佳的交往效果和丰厚人脉。

有鉴于此，我将在本书中和大家分享各种商务场景中的穿着打扮、举手投足、言谈举止，场景化的交往艺术，以及餐桌礼仪、气质气场提升等商务礼仪精髓，助力大家成为处世懂规则、说话有尺度、交往讲分寸、举止有风度的商务精英！

鉴于本书的篇幅和文字表达的局限及本人水平有限，本书不足之处在所难免，恳请广大读者批评指正。

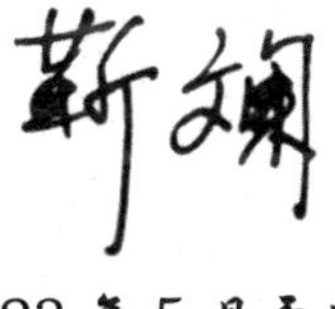

2023 年 5 月于北京

PREFACE 目　录

## 第一课

# 礼仪就是竞争力

THE
FIRST LESSON

## 他山之石

据人民网 2015 年 5 月 26 日的报道。

2015 年 5 月 25 日，李克强总理访问智利，欢迎国宴在总统府举行。根据事先安排，宴会大厅的音响里播放激昂雄壮的《义勇军进行曲》。在乐曲播放到一半的时候，乐曲声戛然而止。这突如其来的变故，令在场所有人都不知所措。几秒钟后，李克强总理微笑着说："没关系，我提议，大家用现场歌唱的方式来代替音响。"接着，他转向中国代表团成员，领唱起来。不一会儿，大厅里的智利人受到感染，也跟着哼唱起来，唱完中国国歌，又唱起智利国歌。

歌唱结束，李克强总理微笑着说："音乐没有国界，我们都听懂了对方的歌声。"此话一出，大厅里响起了雷鸣般的掌声。

这种关键时刻打破僵局，避免他人尴尬的细节，体现的正是难得的智慧与境界。

“礼出于俗，俗化为礼。”现代礼仪规则来自人们长期的生活实践，目的是使人与人的关系更加和谐、交往更加高效。我们的人生经历和身份不能作为是否了解礼仪规则的理由，但却可以作为学习礼仪规则的动力：礼敬他人、圆通人生。

## 礼由心生

俗话说：“人靠衣装马靠鞍。”商务场合中，穿着笔挺的西装、锃亮的皮鞋，系着领带，就此看来，好像很符合商务礼仪的着装惯例，但这只是表面现象。人不是摆放在橱窗里的模特，而是动态的社会人，还有社会交往。在交往过程中，仅靠着装并不能为其赚得高分，还有“察其言，观其行”的动态细节。

有良好的仪表，而没有同样合乎礼节的言行举止，甚至会更让人反感，觉得是“金玉其外，败絮其中”，交往效果适得其反。“心无礼”，再好的仪表充其量也只是花瓶，无济于事。“心无礼”，难以真正有礼敬于人的表现。

一天，苏轼和佛印禅师开玩笑地说：“我看你像牛粪。”佛印却平静地说："我看你像如来。"苏轼不解，这和尚怎么以德报怨呢？其妹苏小妹说："心存牛粪，看人都如牛粪；心存如来，看人都是如来。"

苏轼和佛印禅师想必只是互相打趣而已。

言为心声，语为人境。心中有礼，才会真正施礼于人（如图 1-1 所示）。

商务交往中，有些人在见面之初显得彬彬有礼，但很快就会发现此人有太多让人反感的细节：交谈中，总是心不在焉或语气敷衍；和你握手的同时与第三方说话；说话时，不是抖腿就是依靠在沙发里，并且脚向前伸直；用餐时，响声大作，不是边嚼食物边说话，就是拿着筷子乱比画或满嘴食物喝酒……

相信无论谁面对这样的人都会感到不舒服，但当事人或许自己不会发觉——可能已经成为潜意识里的个人习惯，而不一定是故意做出，但就是这些细节"出卖"了他。所谓细节见真章、饭桌见人品，很多细节早已暴露了你的"真身"。

冯巩的电影《别拿自己不当干部》中，王喜和大老黑去郊区吃农家饭。大老黑吃粉条时发出很大的吸溜声，嘴里像装了一台抽水机，使"领导"王喜忍无可忍，但即使再三提醒，大老黑也不承认，直至两人较真时，大老黑又吸溜粉条，才发现自己真是这样。

图 1-1　言为心声　语为人境

“心有礼”，才能自发地将礼仪细节转化为自己的习惯，并形成律己敬人的性格。礼仪行为没有绝对的对，也没有绝对的错。而且随着社会的发展，新事物的不断出现，也会不断涌现出新的礼仪规则。即使对个别礼节不了解，交往中也能以“理解他人、体谅他人、尊重他人”为出发点，做出最合乎礼节的选择。

所以，交往中做到“我的眼里只有你”，发自内心地体谅并在意他人感受，充满善意，举止言行才能得体规范、进退有度，从而成为有风度、有修养、受欢迎的人。

## 首因效应和晕轮效应

商务交往中，为什么强调要给他人留下良好的第一印象呢？在此，不得不说到首因效应和晕轮效应。

首因效应，由美国心理学家洛钦斯于 1957 年提出，也叫首次效应、优先效应或第一印象效应。该理论认为，双方在交往中形成的第一次印象，对今后交往关系产生深刻的影响，这也就是“先入为主”带来的效果。

为什么会产生首因效应呢？实验心理学的研究表明，大脑在处理一连串的信息时，最先输入的信息往往起到的作用最大。我们第一印象就相当于大脑中“最先输入的信息”，所以作用大、影响力强。

虽然第一印象并不总是正确的，但却是鲜明的、牢固的，并且一定程度上影响着双方交往的进程。如果一个人在初次见面时给人留下良好印象，那么人们就愿意和他接近，并会影响人们对他以后一系列行为和表现的解释。反之，对于初次见面就引起对方反感的人，对方如在后期想对这种不良印象有所改观的话，往往很难。

商务往来中，这一效应有着广泛的应用空间。良好的第一印象，往往能帮助我们在商务交往中取得优势，比如衣着整齐、举止大方、谈吐有度……从而更容易获得对方的好感与支持。

显而易见，这种效应难免有失偏颇，因为在这仓促之间并不能将一个人的内在完全展示出来，但人们往往依然以此作为判断依据。

晕轮效应，由美国著名心理学家爱德华·桑戴克于20世纪20年代提出，又称成见效应、光圈效应、日晕效应，是指在人际交往中形成的以点概面或以偏概全的主观印象。

一个人的某种品质或特征一旦给人以好印象，在这种印象影响下，人们对这个人的其他品质或特征也会给予较好评价。“爱屋及乌”“一白遮百丑”都是晕轮效应的具体体现；名人效应，是典型的晕轮效应。而时下流行的各类名人直播带货，就是利用了晕轮效应。晕轮效应的最大弊端就是容易以偏概全。

在商务往来中，我们怎样利用晕轮效应呢？提升别人对自己的第一印象，打造受欢迎的人设（守时、严谨、礼貌，等等），同时避免对他人以貌取人。

晕轮效应与首因效应有很大区别。首因效应的“第一印象”是以仪容仪表、言谈举止为素材而形成的，带有较多情绪色彩。受其影响，人们会喜欢或不喜欢与对方交往，但还不能明确地说出对方“是什么人”，但会影响将来是否有继续交往的兴趣或愿望。如没有好的第一印象，往往失去了交往的机会，也就没有“晕轮效应”的产生。

而“晕轮效应”是在与对方交往之后，因了解对方的某一特别突出的品质或自己感兴趣的品质，并据此进行“故事化”的推理而产生的。这个认知要比“第一印象”更有深度，能“持之有据”地“断定”对方是“好人”或“坏人”。

从时间上说，“首因效应”在前，“晕轮效应”在后。但在人际交往中，往往是“第一印象”仍在起作用的时候，“晕轮”也开始起作用了。这样“首因效应”就会像“增效剂”一样去增强“晕轮效应”。“晕轮效应”作用时间比“首因效应”要长，它往往持续到人际交往的全过程。

所以，商务交往中，我们不仅要有得体的仪表，还应有受欢迎的举止、谈吐。

## 礼仪就是竞争力

现代礼仪是社会交往的艺术，是表达理解他人、尊敬他人的一种手段。显而易见，这种手段不是脱离现实的舞台表演，而是要在交往中让他人真切地感受到。

通过礼仪细节来展现自己的修养和交往诚意，能有效获得他人的好感，拉近彼此间的距离，加深理解、促进合作，最终使交往更加顺畅，获得更广的人脉，从而增强自己的竞争力。

无论哪个行业，竞争都很激烈。即使单位内部同事之间也有竞争。怎样让他人在与你的交往中对你留下良好印象？首先是工作能力；其次是交往艺术。不管是高管还是普通员工都不例外。

小赵是单位作为储备人才引进的。但领导很快就发现，他是个不讲究礼节的人。天天都是那一身衣服，不管见什么人或在什么场合；早上见到同事、领导，连个招呼都不打；和客户的交往中，都是客户主动找话题和他说话，否则，即使冷场也不知道调节气氛。他代表单位的几次接待或谈判，不是以失败告终，就是客户方有意见。慢慢地，他成了单位的边缘人。

商场大了，无奇不有。商务交往中，各种人都可能遇到。所以我们当然不能以个性行事，而应随遇而安，尽可能和大家打成一片，能够“同流”，能“同流”才能交流。处处显得格格不入，不能“同流”，何来交流？不能交流，何来交心？不能交心，何谈交易！我们需要有大格局，从大处着手，但却必须从小处着眼，一屋不扫何以扫天下！

古语有云：“人受一句话，佛受一炷香。”商务交往中，应放下身段去主动“拜佛、烧香”。你拘“小节”，不屑和他人融洽相处，他人凭什么在意你，主动与你结交呢？

大家见过这样的“不粘锅”吗——请他喝杯酒，他说对酒精过敏，甚至懒得用茶水替代一下；请他喝杯咖啡，他说有咖啡因；请他打牌，他说不会；和他聊天，他沉默不语。那就让人感到好奇了：你什么都不干，难道是来打坐的（如图 1–2 所示）？这样的人，一点儿交际技巧、人情世故都不懂，让人觉得太无趣，谁都懒得和他见第二次面。这样的人，何来人脉，哪有竞争力可言（如图 1–2 所示）？

商务合作中，我们都尽可能选择自己认为可靠的人。那什么样的人才会被认为可靠呢？无非就是对方形象得体、举止优雅、谈吐有度、诚实守信。

不注意这些细节的人，往往会被认为事事随意，对待工作可能也不严谨。这样的人，往往一开始就被否决，失去了和对方进一步交往的资格，更谈不上体现竞争力了。即使你的企业产品或服务再优秀，也没有进一步展示的机会。

“士为知己者死。”形象良好、举止有度，并且时时体现出你对对方的理解、重视、赞赏，和他有共同语言，这在对方心目中留下的印象是十分良好的——你就是可靠的人，就是知己。这样，“投我以桃、报之以李”，对方当然就会认同你、支持你——你就是对方值得交往的朋友、可以信赖的合作伙伴。

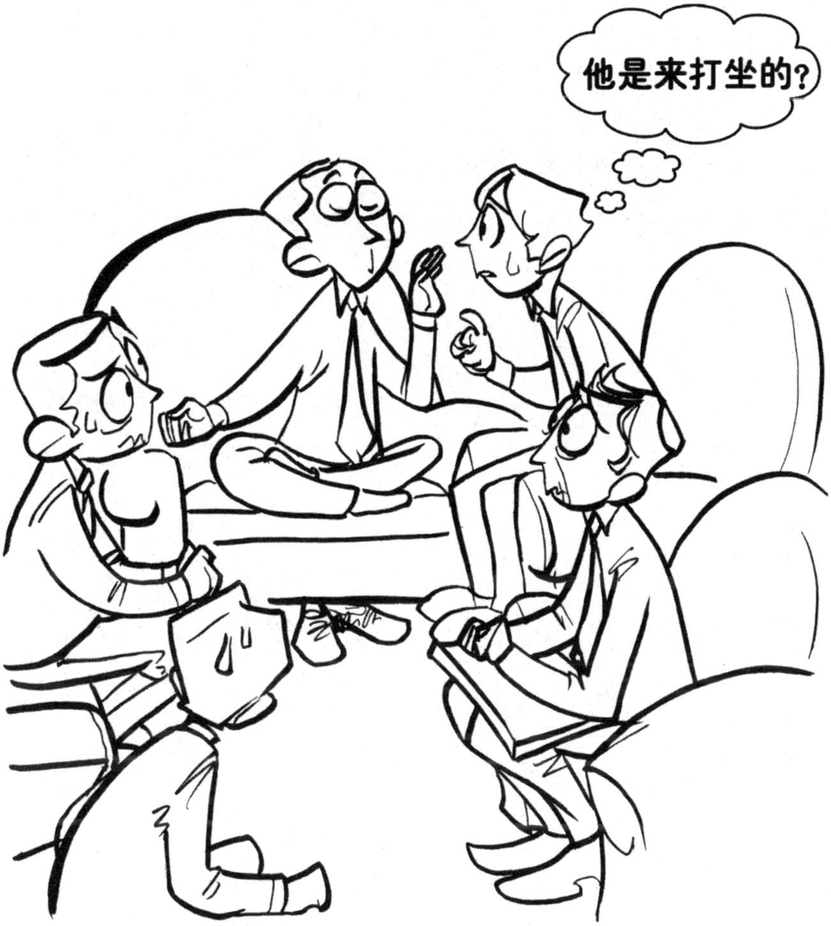


图 1-2　必须懂得交际技巧

## 小提示大道理

商务交往中，任何人都是单位的形象和尊严，更是单位形象的代言人。在外人看来，员工个人素质不高，说明单位管理不规范，不值得信赖。

# 第二课

# 做一个时尚的商务女性

THE
SECOND LESSON

## 他山之石

某知名高校一期EMBA班的商务礼仪培训，虽然事情已经过去好几年，但仍让我记忆犹新。

印象深刻是源于其中的两位女性学员。一位看起来30来岁，皮肤不错，打扮精致，穿着讲究，仪态得体；另一位约50岁，一看就像不修边幅的居家中年女性的样子。中途休息的时候我才惊讶地知道，两位居然都是42岁！

哪里有对比，哪里就有伤害。同为企业老总，同样的年龄，不同的是，是否注意打理自己的形象，随着时间的流逝，其差别让人惊讶。

形象要走在能力的前面，要不然你的能力很容易被低估。

我们女性总能以极大的热情投身于追求时尚的行列当中。敏锐的我们比男士更清楚，服饰及外在形象在个人印象形成中的关键作用，也承载着我们的个人爱好、修养与品位、审美情趣、身份和地位……

## 发型：女人的旗帜

美国女性认为：女人可以没有华服，但是绝对不能没有令人满意的发型。发型就是我们脸部的相框，能对我们的形象起到直观的修饰和表现作用。比如，我平时喜欢简单的束发，上课的时候会把头发盘起来，产生的是两种完全不同的效果。

**短发**

现在的短发已经不再被人看成“男人婆”，短发让我们商务女性显得优雅知性而干练。

如刚好到脸庞长度，可以将发尾微卷，让其包围脸部轮廓，达到完美修饰脸型的效果。中分的短发，可以营造出成熟、冷静的感觉，是职场女性的完美选择。

把头发简单地别在耳后，刘海斜着梳，并且不要太厚重。这是个百搭发型，基本上各种脸型都适合，能更显商务女性的干练和专业气质。

将短发微卷，并将刘海弯曲而自然地顺到两颊前，将脸型修饰得尖尖的，达到瘦脸效果。这种发型能体现出时尚、高贵的气质。瓜子脸、圆形脸、方形脸适合这款发型。

短发微卷时，可以把发丝打散，从视觉上起到增加发量、增厚刘海的作用，从而突出蓬松感并营造出小脸效果，能突出可爱气质。适合瓜子脸、鹅蛋脸、长形脸、椭圆形脸。

将头发中分，并在其中卷一些小波浪造型，避免发型呆板。卷翘的发尾使发型更灵动，塑造出大气、优雅的气质。

**束发**

束发简单又有飘逸感。

如果你的头发是卷发，可以将头发半束起来，把头顶的头发抓出蓬松感并到一定高度，这时蓬松而有束感的顶部头发及刘海，搭配卷发，既增加了动感，又提升了优雅别致感。同时用适量定型发蜡揉抹在发尾，增加轻盈感。

头发从侧面束起来也不错，把顶部头发用手抓出蓬松饱满的弧度，将头发用发卡盘到一侧，用卷发棒把发尾处理得有外卷的效果，再把刘海及两侧的直发用发卡别到耳后，不够服帖时可用发蜡定型。这种发型以蓬松柔软的顶部头发、轻盈翻卷的发尾、清爽而紧致的刘海，会给人干练知性的印象。

当把头发束成高马尾时，就把头顶和后脑部的头发适当处理蓬松点，这样更显生气。

如觉得头发不够有动感，可以在扎头发之前用卷发棒把头发卷成大波浪，然后用手自然顺直，扎低马尾，在后脑的位置随意拽出蓬松状。

还可以把前额的头发做中分处理，把所有的头发都顺直梳理好向后束起，在耳朵部位的头发应有弧度，这样才显得自然。当然，可以根据自己的喜好，选择齐刘海或把刘海梳到左侧或右侧。

**中长发**

一款方便打理的、整理有形的中长发，更能增添女性魅力。

齐刘海向来都非常有亲和力，也给人更年轻的感觉。穿职场衬衣时，披肩的直发搭配齐刘海，既能展现你的温柔体贴，也不失严谨。

齐肩中发，虽然没有长发的变换多样，但把发尾向外或向内微微翻卷，也能给人自然、清新的感觉。同时前额头发按 4∶6 的比例分缝，不管什么脸型都百搭。

中发也能打造出柔美感觉。把前额的头发做弧度后别在额头一侧，盖住部分额头，达到美化脸型的效果。其他地方用卷发棒做卷发处理，使整体发型都有蓬松感。这种发型特别适合长脸型。

自然披肩长发，发尾如能卷些波浪造型，不仅能修饰脸型，还能达到视觉减肥效果，对肩宽者而言也可以有效调整身材。

**盘发**

盘发给人以优雅、大方的印象。

脸型消瘦，可以用短斜刘海来平衡，让脸型看上去恬静中又有亲和力。颧骨不高者刘海稍微宽一点效果更好。用细齿梳倒着梳头顶的头发，使其隆起并蓬松一些，也可以用垫发器垫高头发，然后在脑后盘一个利落的发髻，增加盘发发型的活力。

鹅蛋形脸，刘海部分向右上方蓬松收起后用夹子别好，露出额头，配合低低的发髻或自然垂落耳发，展现清纯而温婉的东方女性气质。

头发少或中等长度的女性，既想优雅又想显得更年轻，可以选择辫子盘发。用编辫子的方式收拢面颊两侧的碎发，让发型看上去更加利落、精致，同时达到视觉上增加盘发发量的效果。如果有个别短的头发容易散落，就用发胶或强度定型的发胶来固定。

借助发饰，如盘发器、U 形夹子或发簪来盘发。把头发握拢，将簪子斜压在头发上。把簪子头部向下压，尾部向上翻转，翻转 360° 后挑起下面的头发插进去。头发不长时把余下的头发散开或环绕一下用夹子固定。我住酒店的时候，如果忘了带发簪，休息时也会借用酒店的铅笔充当发簪，感觉也很独特。

用橡皮筋先扎个马尾，把头发朝上或朝下翻一下，再扎一次。将剩余头发围着橡皮筋环绕并盖住橡皮筋后用发卡固定，使刘海伏贴在前额。出席社交场合时，可再在上面装饰一些发饰。盘发显得成熟端庄，而靓丽的发饰就是点睛之笔。

高位的盘发显得简洁大方。先在后脑高位扎上马尾辫，然后把发束围着发髻根部不停盘卷，最后将尾发绕进小卡子卷几下别好。也可以把前额的刘海向斜后方用黑色的 U 形卡子别住。

**注意事项**

肩膀宽厚者，不宜留短发。

臀部大者不宜把头发削得很薄。头型偏扁者，头发应适当蓬松。

两颊宽者，卷发时卷度不宜从脸颊开始。身材偏矮者，头发长度不宜超过内衣肩线。

不管长发还是短发，都应保持头发的整齐整洁，不可以头发像鸡窝似的出现在工作场合。

## 美肤：保护好女人的门面

哪怕不化妆，也一定要注意认认真真地护肤，这是我对所有女性朋友的忠告。漂亮的女人，都是花费时间和精力呵护出来的。

**补充皮肤水分**

水是皮肤的基本组成部分之一，对美丽皮肤能起到至关重要的作用。当皮肤湿润时，就会显得细嫩柔滑；皮肤脱水就会干燥、绷紧。

热的尤其是干燥的室内空气对皮肤危害很大。在这种环境中会使皮肤失去水分，显得干燥苍老。当然可以在脸上敷抹湿润剂，而增加空气湿度是个更好的途径。最简单的做法就是在室内放一个装满水的敞口容器，或者放几盆能散发水分的植物。当然也可以适当使用加湿器。

除了保持环境空气的湿度，多喝水也能改善皮肤。当然水分也可以从水果或果汁中获得。身体中液体的流动能清除杂质，有利于保护皮肤。

**清洁湿润皮肤**

一天至少应有两次彻底清洗面部：一次是在早晨起床后，另一次是在晚上临睡前。两者唯一的不同在于清洗后使用的湿润剂。晚上可以使用较多的乳剂；而在早晨，如果要化妆，就用稍薄的湿润剂。

**维护皮肤健康**

局部重点保养：用清洁霜或洗面乳清除面部污垢。把洗面乳抹在额头、鼻梁、面颊、下颌及脖颈处，在脸上各部位用指尖向上打圈按摩，溶解面部油污。用温水由外往里、由下到上洗面部及脖颈。全身皮肤的清洁：一般每星期洗澡不少于 1~2 次，洗浴后涂上润肤露，增进皮肤的滋润感。

根据不同类型做皮肤护理。油性皮肤一天最少要用温热水洗脸 2 次，然后外用紧肤水，外用霜剂，如冷霜。干性皮肤一天温水洗脸 1~2 次，通常用脂剂保护皮肤。中性皮肤最好多用乳液护肤。而敏感型皮肤不宜用毛巾过度擦洗，可以用儿童护肤品。

还应注意生理维护皮肤健康。保持心情愉悦、有一种平和健康的心态，对防止皮肤老化非常有效。保证充足的睡眠，尽量不熬夜，这对皮肤健康相当重要。饮食平衡多样，富含蛋白质、维生素、矿物质的食品、新鲜蔬菜，是健康皮肤营养的来源。而运动锻炼、增强体质对保持皮肤弹性也非常有好处。

**使用面膜护肤**

除了基本的日常护理，还应按时做面膜，一般一周 2~3 次就可以了。省事一点儿的，直接买面膜；有时间的话可以自己动手做面膜，像营养面膜、美白面膜，都可以试试。

寒冷的季节用面膜时较凉，可以把袋装面膜放到热水中泡几分钟再贴。

面膜不是涂得越厚皮肤就能吸收得越多，皮肤吸收功能毕竟有限。使用面膜贵在持之以恒。

做完面膜之后应用护肤霜。面膜的护理主要是补充皮肤深层营养，可是如果没有皮肤表面的保湿，营养很快就会流失。

**搭配指甲油**

手指甲的适宜长度，以伸开手指从手心方向看，看不到明显的指甲为宜。

上班可以选择浅粉色透明或半透明指甲油。手形纤长、白皙，可以选择鲜艳的玫瑰红色系半透明指甲油，使手指更加纤美。

不喜欢过多修饰，选择透明色指甲油最好。像水晶亮的透明指甲油可以直接涂抹在指甲上，或当作上了彩色指甲油后的亮油使用。参加晚宴或社交活动时，可选金色、红色、紫色等有华贵质感的指甲油来配晚礼服。选择与服饰、配件颜色一致的指甲油，是使整体颜色和谐统一的好方法。另外，黑色系的指甲油，是“穿金戴银”时的绝佳选择；粉红色系搭配性最强；宝石蓝和黑色、金色、银色、白色或同色系衣服搭配都不错；棕色系指甲油好搭配衣服，是全身造型得很好点缀。不宜涂抹灰色指甲油。

**选择脚指甲油**

上班时如单位允许穿露趾凉鞋，涂指甲油可选择浅红色系、浅粉色透明或半透明的指甲油。

另外，还要注意根据脚形选择指甲油，脚稍大者宜用浅色脚指甲油，如浅玫瑰色等。但不要用亮丽醒目颜色的脚指甲油，宜用不发光的颜色，如粉红或浅棕色。

脚短小者，就用带有银光粉的脚指甲油，如白金色脚指甲油等，能使小脚显得修长。

皮肤偏黑的，宜选为皮肤增亮的颜色，比如珍珠白。不宜选择粉色系、金银色、柠檬黄、玫红等色。

**注意事项**

不同年龄段皮肤类型也会不同。不要以为少女时代是油性皮肤，成年后还会是那样。

晚上卸妆后应使用晚霜。

使用面膜的时间一般不应超过 20 分钟。

涂脚指甲时不要全部涂满，左右两边应各留点空白，以使双脚看起来更加修长。

## 妆容：淡妆总相宜

有人说，商务女性不化妆就出门，就像不穿衣服出门一样让人难以接受。我想，这话有点夸张，但化妆见客户是注重品位的商务女性的应有习惯，更是对他人尊重之心的体现。

**工作妆容**

工作妆不是为打造光彩夺目的明星，所以妆面应自然、淡雅、精致。应该用不明显的色彩，以淡雅为度，体现一种自然的美感。

首先选择一款比自身肤色亮一度的液体粉底。也可选 BB 霜、CC 霜、干湿两用粉底等新式底妆产品。用化妆海绵快速将粉底涂抹打匀，然后定妆。定妆时将粉扑用拍按的手法进行，下眼睑、唇角、耳际等细小部位也应拍按到位。细节处的处理，可以用三角海绵或葫芦形海绵点按。

也可以打上少许眼影，或根据个人情况画眼线。

眉毛是平衡脸型最关键的部位，颜色不宜太浓，只需用眉粉或眉笔淡淡描出形状即可。用睫毛夹定型睫毛：把睫毛完全放进睫毛夹里，先夹睫毛中部，再夹根部，使睫毛有自然的弧度。

涂抹睫毛膏时先横着涂，以增加睫毛的浓密度，然后再拉长。下睫毛可以不打睫毛膏或用睫毛膏轻刷一两下。睫毛如有粘连，在睫毛膏没干之前就用小梳子梳开。

扫腮红时，把腮红扫在笑肌处。圆脸型应斜向上扫；长脸型应呈圆状扫，再横向扫几下；颧骨高者，扫在笑肌偏下一点的位置。

在唇部涂上唇膏、唇彩或唇蜜，在下唇中部适当涂一些唇彩，使唇部更立体饱满。

最后用粉扑把脸部和颈部做一下过渡。一个自然、淡雅、精致的工作妆就此完成。

**社交妆容**

社交妆也称晚妆或晚宴妆，力求高雅、华贵、富有女性魅力。社交妆的整体用色淡雅并比工作妆稍浓，而晚上的社交妆又稍比白天的浓一点。但忌过于浓艳，太浓艳的妆色并不能很好表现出商务女性的端庄和优雅。

首先在面部均匀涂抹上质地细腻的粉底液，利用粉底液深浅不同的颜色突出面部立体结构。晚宴穿晚礼服，裸露在外的皮肤也要涂抹粉底霜，使整体肤色一致。涂均匀后用蜜粉定妆，扫去多余的粉，使肤色自然。

社交妆的重点是眼睛、腮红和口红。眼部化妆的眼影用色应简单，以强调眼部的神韵、含蓄。颜色过渡柔和，以表现眼部的立体结构。眼线应纤细整齐，不夸张。

眉形画得略高挑并有流畅弧度，眉色不宜过浓黑。腮红颜色应柔和，涂抹面积不宜过大，和肤色衔接自然。

社交妆可以用假睫毛。假睫毛长度应适当修剪使之更逼真。眼部画上眼线后，用睫毛夹把真睫毛夹弯并使其上翘，再将假睫毛涂上专用胶水。胶水稍干后，用夹子把假睫毛夹好后粘在眼睫毛根部。再给真假睫毛抹睫毛液，使两者融为一体。

唇膏色与整体妆色协调。唇部主体为主体唇色，中部可选择浅色或白色，也可选富有光泽的唇彩或唇油，以形成生动的立体效果。如果是参加晚宴，涂唇膏后用纸吸去多余的油，再施一层薄粉后涂一遍唇膏，这样既能牢固持久，也可以避免唇膏遗留在餐具上的尴尬。或者干脆选择不沾杯的口红。

## 挑选服装：让衣橱体现个性和品位

“女人永远少一件衣服”，相信绝大部分女性都会赞同这句话。但并不意味着衣橱里的衣服越多越好，关键是能适合自己，而不是一时的冲动消费。

**分配你的衣橱**

我建议首先分配一下衣橱。比如分为正装礼服、时尚个性、普通工作场合、运动休闲、长款大衣五类。换季时将这一季要穿的衣服挂在衣橱的相应位置，再将那些与不同衣服相配的腰带、包及饰品挂在相应衣服的侧边，或者统一再放到另一个专门的空间里。这样一来当你打开衣橱就一目了然，省得每次花大量时间翻来覆去地找衣服。

衣橱里的抽屉及格子可以分门别类地放围巾、丝巾、披肩、丝袜及内衣等。如果担心忘记将其放在哪个格子里，可以在相应位置贴上标签，然后严格按照标签位置存放。大围巾可以卷起来码放，丝巾最好能挂放，这样方便查找、取用、放回。

**根据脸型挑选**

如何根据自己的脸型选择相应服装，是对商务女性穿衣风格的重要考验。

圆脸：带圆圈图案的高领或横开的窄领型是圆脸人的禁忌。领口太小也不宜，适合穿 V 字领和长方形领口的衣服，无领、矮领以及尖领服装也都不错。

方脸：尽量挑选可以减少脸部棱角感的衣服领型，圆领最适合方脸人。选用外衣和衬衣时，以领口开得深一些的圆领、尖领为佳，如双翻领。不宜采用方形、横向圆领口服装，这些领型会加重脸型的棱角感。

长脸：切忌采用长型或狭长型等容易在视觉上夸大脖子与脸型长度的领式。多选用能使颈部外露较少的领型，开领越浅越好。一字领比较适合长脸女士穿着。另外，圆披肩领、圆领等也是适合的领型。

瓜子脸：瓜子脸比前三种脸型更容易搭配服装，几乎任何领型都可以搭配。

**根据体型挑选**

根据体型挑选服装至关重要，应扬长避短，衬托出人体的自然美。

体型较胖：宜选有收缩感的深色、冷调，不宜穿有夸张花色图案或上下装比例五五分的衣服。宜选择纯色或有立体感的花纹，比如竖条纹。穿短上装时尽量避免短裙，上装和下装比例不要太接近，比例越大越显身材的修长。

体型消瘦：色彩宜用富有膨胀、扩张感的淡色，沉稳的暖色调，以产生放大感，显得丰满一些，不宜穿清冷的蓝绿色调或高明度的明暖色。还能用服装的花色调节体型，比如大格子花纹、横条纹能使瘦体型横向舒展、延伸，变得稍丰满。

梨型：其特点是上身瘦，腰细、腿粗、臀大。上装用明色调，如白、粉红、浅蓝等，下装用暗色调，如黑色、深灰色、咖啡色等。臀部太大，不宜穿太短外套。外套宽松的底摆，不和下装紧贴起来的上衣最合适。

苹果型：这种体型恰好和梨型相反。上身宜穿深色系衣服提高收缩的效果，下装着明亮的浅色。

短脖：不宜穿高领的服装，适宜V领口和低领口的服装。

腿短：上装色彩和图案应比下装华丽、抢眼些，或者选择统一色调的套装，以增加视觉高度；尽量穿暗色调的裤装。

腰粗：最好穿深色的上衣，如黑色、深咖啡色，系和衣服同色或近色的腰带，会产生细腰的效果。

窄肩：上装宜选浅色或带有横条纹的，以拉宽肩部造型，下装宜用偏深色。

**根据肤色挑选**

根据肤色挑选服装是为了让我们的面部皮肤提亮、变白。

肤色发灰：衣服主色应为蓝色、绿色、紫罗兰色、灰绿色、灰色、深紫色和黑色，不宜用白色作为衣着和装饰，不适合粉红和粉绿，其他颜色都可以选。

肤色黝黑：宜穿暖色调衣服，以白色、浅灰色、浅红色、橙色为主，黄棕色、黄灰色、绿灰色也可以选，不宜与湖蓝色、深紫色、青色、褐色搭配。

肤色黑红：可以选浅黄色、白色或鱼肚白色等衣服，不宜选浅红色、浅绿色的服装。

肤色红润：可以选用微饱和的暖色服装，也可采用淡棕黄色、黑色加彩色装饰，或珍珠色用以陪衬健美的肤色，不宜选紫罗兰色、亮黄色、浅绿色服装、淡灰色服装、纯白色服装。

肤色偏红艳：可以选浅绿色、墨绿色或桃红色的服装，也可穿浅色小花小纹的衣服，不宜选鲜绿、鲜蓝、紫色或纯红色的服装。

肤色偏黄：可选暖色、淡色的服装，不宜选亮度大的蓝色、紫色类服装。

肤色黑黄：可选浅色质的混合色，如浅杏色、浅灰色、白色等颜色服装，不宜选驼色、绿色、黑色等颜色衣服。

肤色较白：这种肤色不宜选冷色调的服装。

白里透红：选素雅淡色系服装最理想，不宜选有强烈色系的服装。

## 注意场合：这样穿衣最好看

虽说“穿衣戴帽，各有所好”，但作为商务达人，职场“白骨精”，穿着绝不应只凭“所好”，更要“应景”。

**工作装**

工作场合裤装、裙装都能穿着。

穿裤装时，裤长一般到脚面。近年来商务装越来越休闲化，也可以是搭配九分西裤。不宜穿紧身裤。

套裙是工作装首选。套裙即上衣是女式西装，下衣是裙子。也可以是连衣裙外加西装上衣。两件套裙装时，上衣和裙子可以是一色，也可以采用上浅下深或上深下浅两种不同的色彩。穿着同色套裙，可以用不同色的衬衫、领花、丝巾、胸针、围巾等饰品来点缀。同时，一套套裙的主要色彩不应超过两种，其主体图案不宜是大型花卉、宠物、人物等。裙子最短不短于膝盖以上 15 厘米。夏天应内穿衬裙，衬裙颜色可以接近或浅于外裙的颜色。

黑色、浅灰色、浅棕色等单色袜，可以与同色的裙子搭配着穿；

肉色袜是工作场合的常规选择。穿着袜子时以不露袜口为宜。网眼、镂空，或印有时尚图案的袜子不宜搭配正装套裙。

工作场合最规范的鞋，应是黑皮鞋或与裤子和裙装颜色一致的高跟、半高跟的船式皮鞋或盖式皮鞋，前不露趾、后不露脚跟的皮凉鞋也可以选择，只是正规程度稍次于前面几种。如果没有严格要求，不搭配套裙时，平时也可以穿凉鞋（穿凉鞋时不穿袜子）、皮靴等。但在正式接待、宴请、会议、签约、仪式等正式场合，应穿规范的皮鞋。穿着西裤或者职业裙装，忌穿运动鞋。

**宴会装**

普通的商务酒会可选择设计简洁、不过分华丽张扬的小礼服，也可以穿着偏于时尚的露肩裙装，包括一般的 Party 都可以这样穿着。正规晚宴的着装可以隆重、性感，穿着奢华的晚礼服。

选择正式宴会装时，黑色、开领、无袖、露肩、坠地的款式永不落伍，如果对如何选择晚装拿不定主意，挑选黑色总没错。慎选用绣片、花边、亮珠缀得全身五颜六色的款式，这些款式不一定好搭配首饰，也不一定适合你。如果晚装是素雅的白色或黑色，细节修饰很少，可以用耀眼的首饰相配。晚装上已有不少刺绣、珠片、花朵时，即使不戴首饰也能达到好的修饰效果。珍珠、水晶、宝石和金质的首饰适合晚宴场合。

**舞会装**

大型舞会时，应穿晚礼服，可以是低胸、露背的大摆裙，颜色可以鲜艳，也可以庄重高雅。露肤的晚礼服应戴成套的首饰：项链、耳饰、手镯。家庭舞会时，最好穿便于舞动的裙装或者旗袍，搭配色彩协调的高跟皮鞋。民族服装是非常好的礼服，完全可以穿着参加舞会。即使制服再漂亮，也不能穿着参加舞会，这是对与会者的起码尊重。

## 礼服：中西有别，各有韵味

礼服是在一些正式而又重要的社交场合穿着的服装。女士中式礼服为旗袍，而西式礼服特点是白天密实，夜晚露肤，晚礼服使用闪光布料及装饰品。

**中式礼服**

旗袍是中国女性最靓丽的服装，更显东方女性魅力。作为礼服的旗袍最好是单一颜色，一般常在绸缎面料上刺绣或饰物。开衩不宜太高，以到膝关节上方 1~2 寸为宜，旗袍的长度，一般长到脚面。配穿高跟鞋、半高跟鞋或中式高跟缎面布鞋。和旗袍相配的内衣款式和颜色上也要精心选择，要求妥帖、无痕，丝袜口不允许从旗袍开衩处外露。纽扣全部系好，否则会给人以轻浮感。旗袍外面可以搭中式风格的绣花外套、披肩，别有一番韵味。

而现在备受欢迎的改良版旗袍，下摆长至小腿肚，有的两边不开衩，更适合出席白天的重要场合穿着（如图 2-1 所示）。

图 2-1　旗袍是中式礼服

## 西式礼服

常礼服，又叫晨礼服，一般是由质地、颜色相同的上衣和裙子搭配而成，如端庄、郑重的套装就可以。也可以是单件连衣裙，可以戴帽子和手套，这是白天特别是在户外举行迎送贵宾仪式或典礼、正式访问、午宴时的服装。常礼服不宜过于暴露肌肤，一般以长袖为多，避免领口开得过大或臂膀过于裸露。鞋的造型要求严谨，常用宫廷鞋、浅口鞋、高跟鞋及便鞋、前后镂空的鞋等，皮鞋可以是漆皮、牛皮、鹿皮、羊皮等材料制成。常礼服体现出优雅、端庄、含蓄的特点（如图 2–2 所示）。

小礼服，介于常礼服和大礼服之间，比起豪华气派的大礼服，这种服装更注重场合、气氛，相对简化一些。一般长至脚背而不拖地，如裸肩、单色连衣裙或套装。主要用于参加晚上 6 点以后的宴会、鸡尾酒会、颁奖仪式、舞会、音乐会或其他演出活动等晚间活动（如图 2–3 所示）。

大礼服，也叫晚礼服，是女士礼服中最高档、最具特色、充分展示女王范儿和个性的礼服样式。可以是低胸露背、拖地或不拖地的单色连衣裙，主要用于隆重宴会或招待会等晚上 8 点以后的大型、庄重的活动。常与披肩、外套、斗篷之类的衣服相配，与华美的装饰手套等共同构成整体装束效果。多配高跟细袢的凉鞋或修饰性强、与礼服相宜的高跟鞋。如果脚趾外露，就得与面部、手部的化妆同步修饰（如图 2–4 所示）。

图 2-2　女士常礼服

图 2-3　女士小礼服

图 2-4　女士大礼服

现在人们在礼服上更崇尚舒适实用、经济美观。我们可以外租礼服，网络平台上选择余地更大。也可以用西装套装式、短上衣长裙式内外两件的组合等搭配来代替礼服穿着。

## 内衣：女人不能忽视的秘密

一位服装设计师说，当女人将九分心思花在“面子”上而将一分心思花在“里子”上时，这样的女人多处在追求功利阶段；当将一半的心思花在“里子”上时，这样的女人才变得追求品位和生活情趣了。

**选择合适的内衣**

贴身穿的内衣，关乎自身健康。选择的内衣应能吸汗，布料弹性佳、透气性好。胸衣尺寸合适，避免过紧过小或过大过松。内裤宜选择肉色或浅色、宽松的纯棉制品，也可以选择莫代尔或真丝面料。

内衣颜色应相同或接近于外衣的色系并浅于外衣颜色，避免内衣外现。

穿薄型裤或薄型裙装时，宜穿平角裤、无痕裤或丁字裤，以免臀部被勒成难看的“粽子”。

出差旅游时最好选用肉色、白色普通型内裤，底裆部分为棉质面料的内裤或一次性内裤。

### 怎样搭配外衣

合理搭配内衣与外衣，不仅美观、健康，也能更好地塑造完美体型。

配职业装：职业装的设计多以胸部和腰部线条为重点，所以应穿高侧肋胸衣加长型束裤或全身束衣，起到修正体型的重要作用。

配大开领的衣服：这种服装多是紧身设计，突出优美线条。较丰满的人可以用侧面加垫的胸衣。胸部单薄者必须选向上拉力强、下面有软垫的式样，以推高胸部来展现胸部弧度，而不是仅仅加深“事业线”。同时注意不宜露出肩带，使用不会露出肩带的 3/4 杯或戴无肩带型的 1/2 罩杯较合适。

配旗袍：修身的全身束衣最宜配曲线毕现的旗袍。它能同时使胸部集中并向上提升，收紧腹部及臀部的赘肉，整体调整身体的各部位。如果胸高还不够，可以考虑选择有垫的款式。需要注意的是，如果旗袍是高衩的，内裤脚应避免平角式，应选用高胯型。不穿胸衣或穿有吊袜带的半截长袜都是大忌。

配 T 恤与牛仔裤：穿着 T 恤或针织衣物时，胸部线条特别明显，最适合穿着无缝胸围或全杯的简单设计。这样既能防止胸围线条显露于 T 恤，也能为胸部缔造出更浑圆的造型。穿牛仔裤最好配质地柔软的内衣，不宜穿束裤。

配运动装：为配合运动时较大幅度的动作，最好选质料柔软、富有弹性的内衣。而特制的运动用胸衣交叉肩带的款式，能防止肩带滑落及胸部过度摇摆。另外，运动时会大量出汗，所以内衣应具有吸湿、吸汗及透气性。

## 首饰：成为亮点而非槽点

可以说饰品是专为女士准备的，如同女人的第二张脸。适宜的饰品可以使女士更有品位、更具魅力；不适宜的饰品，不仅不是亮点，反而可能是槽点。

来自《潇湘晨报》的消息。2022年某地一场疫情防控新闻发布会，将发言人推向了舆论风口。这种特殊的发布会上，该发言人佩戴的耳钉、丝巾，疑似两种不同的著名奢侈品牌。新闻评论道，她的装束的确是败笔。在疫情防控发布会的严肃场合下，妆容打扮过分精致，和整体氛围很不协调。

### 耳饰选用

佩戴耳饰，必须注意其造型应和脸型相得益彰，起到扬长避短的效用。

瓜子脸是相对完美的脸型，容易选择耳饰。方脸型宜佩戴圆弧形耳饰；长脸型宜选择圆形耳饰；尖下巴者适合佩戴圆形吊坠式耳饰；圆脸型适合戴坠式、三角形或四方形的耳饰。

耳饰色彩应与着装色彩相协调。耳饰和着装为同一色系，能产生和谐的美感。反差比较大的色彩搭配要恰如其分，使人充满动感。耳饰色彩应和肤色互相陪衬。肤色较暗者不宜戴过于明亮鲜艳的耳饰，可选择银白色。如用珍珠耳饰来掩饰肤色的暗淡，皮肤白嫩者适合佩戴红色和暗色系耳饰衬托肤色的光彩。

商务场合的耳饰讲究简洁、大方，夸张的几何图形、粗犷的木质耳环、吉卜赛式的巨型圆环，不适合佩戴。

晚宴时适宜佩戴与礼服协调的大而夸张的耳饰，既华贵高雅，又具女神魅力。

长发的商务女性，耳坠搭配更能展示出淑女风采；短发和精巧的耳钉搭配能衬托出干练；不对称的发型和不对称的耳饰搭配能使人赏心悦目；古典发髻搭配吊坠式耳饰看起来更加优雅高贵。

戴眼镜的女士不宜佩戴过大的耳饰。如佩戴两个大大的圆环，给人的感觉就像是奥迪标志一样。可选择小巧玲珑的耳钉、耳包，美而不媚、雅而不俗。

**项链选用**

颈部粗短的女性应选长款项链。颈部细长的女性应佩戴稍粗的贴颈短项链、带状颈圈或大圆珠宝石项链。

佩戴的项链应和服装协调。身穿柔软、飘逸的丝绸衣裙时，佩戴精致、细巧的项链，看上去会更加动人。项链的颜色要与服装的色彩成对比色调为好，这样能形成鲜明对比。如单色或素色服装，佩戴色泽鲜明的项链，能使首饰更加醒目；而在项链的点缀下，服装色彩也显得丰富。

色彩鲜艳的服装宜戴简洁的项链，使服装色彩产生平衡感。领口造型复杂的上衣，最好不戴项链，否则会有累赘感。

**胸针佩戴**

胸针一年四季都可以佩戴，能加强或减弱外观某一部位的注意力，达到着装和首饰相得益彰的审美效果。

胸针的质地、颜色、位置，需要考虑和服装的和谐。穿正装可以选择大点儿的胸针，材质也应好一些，色彩要纯正。穿衬衫或薄羊毛衫时，可以佩戴款式新颖别致、小巧玲珑的胸针。晚上出席活动，优先选择镶嵌钻石的胸针，这样更能达到光彩夺目的效果。

夏季宜佩戴轻巧型胸针；冬季宜佩戴较大的、款式精美、质料华贵的胸针；而春、秋季可佩戴与大自然色彩相协调的绿色和金黄色的胸针。

胸针佩戴的位置也有讲究。最传统的方法是将胸针扣在外套的翻领上，胸针佩戴在左侧；不带领的衣服，则佩戴在右侧。发型偏左，胸针可以佩戴在右侧；反之，则将其佩戴在左侧。胸针应戴在胸部与肩部之间的位置。

一般在重要场合，可以和有一定档次的衣服配套使用，以提升整体形象和品位，显得充满活力，高贵典雅。比如在典礼、宴会等正式场合或自己认为重要的场合。

**戒指选用**

细长的手指戴任何戒指，都能把手指衬托得分外秀丽；手指粗短，如戴蛋形指面的戒指，会增加手指的细长感，这时可选择窄边指环。手指细短，应戴纤细的戒指，且戒指以镶嵌碎钻、细小宝石为宜。手指粗大，应选择粗线条的戒指，并且戒指上也应镶嵌稍大的宝石。

除大拇指外，其余手指都能佩戴。戒指戴在不同的手指表达出不同的含义，国际流行的寓意是：左手食指表示未婚，中指表示热恋中，无名指表示已订婚或结婚，小指表示独身或终身不嫁/不娶。而一些花式戒指，很多人喜欢戴，完全是为装饰，没什么特殊寓意。

佩戴戒指要是觉得紧、戴不上去，可以在手指上涂点护手霜，这样就容易戴上。太松的话，可以在戒指的指轮内缠上几圈红线。

如果不是仪式需要，或为彰显你的个性或财富，一只手上不要戴 2 枚以上的戒指。

**注意事项**

工作往来中，不提倡戴奢侈型饰品。

全身佩戴饰品最多不超过 3 件，讲究小而精巧、同色同质。

不宜戴悬垂的夸张长耳坠。

不戴大耳环、粗大项链。

禁忌戴夸张的耳饰或一只耳朵戴多只耳饰。

项链上有链坠时，仅限 1 枚链坠。

禁忌戴有怪异的图形、文字链坠。

上衣领口时尚、成为衣服亮点时，不宜再用胸针。

手链、脚链，在严谨的商务场合不宜佩戴。

## 女士包：和首饰同样重要的装饰品

在英国首相的配饰中，有三件东西特别有名：一是丘吉尔的雪茄；二是张伯伦的雨伞；三是“铁娘子”撒切尔夫人的手提包。她的手提包真可以称得上是“百宝箱”，里面什么东西都有：笔记本、公文、政策文件、手帕、手电筒，甚至还有梳子、口红。撒切尔夫人任英国首相时的发言人伯纳德·英格汉姆在评价她的手提包时说：“撒切尔夫人的手提包是她的年龄、她的教养、她的身份和她性别的象征，当然更应该看成是她权力的象征。”

俗话说：“男人看表，女人看包。”“包”治百病，包的作用对商务女性来说绝不亚于首饰，不仅是女士出行必备的物品，更被上升到关乎个人品位的位置。

有些商务女性为图省事，不论何时都使用同一个包，以致他人只要看到包就知道是谁“驾到”。比较理想的状态，应根据不同场合使用不同的包。

### 上班用包

上班用的皮包面料应是真皮的，牛皮、羊皮制品最合适。当然，从环保角度考虑，现在一些用新型环保材料制作的、有质感的包也可以用，而且往往更耐用。肩挎式、手提式都可以，样式不宜显得过于男性化。款式和细节上可以有鲜明风格，像流苏、铆钉、金属链、镶嵌等装饰都可以。大小能放得进 A4 纸就可以了，没有必要太大。颜色以黑色、咖啡色、棕色、茶色、白单色系或者深色格纹最多，一个包不超过两种颜色，单色最佳，并和穿着的服装颜色相配套。

皮包里面的设计工艺比其外观要重要得多。购买皮包之前，最好带上日常可能需要装到包里的主要物品试装一下。

### 休闲包

休闲场合对女士包的讲究不多，款式、质地、颜色上有了更多选择，可以充分展现自己的个性。皮质、混纺麻质、做工精良的织品以及帆布包、草编包等，都可以选择。现在都提倡环保、舒适，各种布质包成了休闲场合的新时尚。

### 手包选择

经常看到明星达人手里的一款款小手包，再配上华贵的礼服，不由得产生一丝羡慕。手包，我们商务女性也值得拥有，虽然不一定是爱马仕、香奈儿、蔻驰。

参加晚宴、Party 的手包应小巧、精致，颜色可以亮丽，根据衣服颜色搭配。其中金色、银色的手包特别适合在晚宴时使用，在灯光下更显得高贵、典雅。式样和花纹不宜太复杂，其大小能方便在一只手里轻松拿着就好，只是用来放补妆用品、手机等小物件。

用在正式场合，比如宴会和舞会，谨记做工和质地都高档上乘的手包才是明智选择，材质可以选择绸缎、天鹅绒、漆皮、珠饰布面，黑色或金、银色系是首选。

日常而非重要社交场合使用，应尽量选择尺寸稍大点的手袋，以便放更多物品。

**与服装搭配**

黑色、白色、灰色、棕色的包可以说是百搭色，能搭配一切颜色的衣服。在条件允许时，还要充分考虑到皮包和服装的颜色搭配，使其发挥出相得益彰的效用。

咖啡与米色包：能搭配基本色（黑色、白色、灰色、蓝色）的衣服。

蓝色包：能搭配基本色白色的衣服。

深浅蓝包：能搭配黄色、红色的衣服。

粉色包：独一无二的女士色彩，能搭配白色、黑色、深浅粉、玫瑰色的衣服。

紫色包：高贵优雅的色彩，能搭配同色系深浅不同的紫色衣服，以及黑色、白色、黄色、灰色衣服。

橙黄色包：激情与充满活力的色彩，能搭配橙、黄之间的各种颜色衣服，也可以和基本色、绿色衣服，或各种蓝图案服装搭配。

**注意事项**

即使是高仿版的皮包也不宜选用，这无关价格，而事关诚信和尊严。用名牌不是为了炫耀那方寸间的标志，而是一种生活态度。

除商标外，商务场合的皮包在外表上不宜带有太多的图案、文字。

保持包的良好板型，不放大件物品、太多东西。

无论肩背还是手提，都应避免两边甩动或摇晃，也忌挟在腋下或用手指抓住皮包。

进入室内后，将公文包放在自己就座附近的地板上，或指定之处。女士小包可以放腿上或身后座椅上。

## 皮鞋：女人的品位从鞋开始

我经常为选择一双合适的皮鞋而逛半天街，我不认为这是浪费时间的做法。虽然现在有网购，看起来方便又快捷，但这并不适合于商务女性选鞋。鞋跟高度、颜色、皮质、舒适度等因素，并不是靠文字描述、图片或者尺寸就能解决的，只有仔细试穿之后才有感觉。毕竟鞋穿着是不是舒服，只有脚知道。

**小皮鞋大形象**

华尔街曾流传一句俗语：“永远不要相信一个穿着破皮鞋和不擦

皮鞋的人。”在这个讲究品位的时代，交往中人们常常会先看鞋再看脸。

鞋子虽小，但对一个人的整体形象有很大影响。

女士优雅的仪态和脚上所穿的皮鞋紧密相关。穿平底鞋和高跟鞋，走路的感觉完全不一样。不管你是否喜欢穿高跟鞋，一旦穿上它，因为要平衡身体的重心，会不由自主地变得挺拔起来。为了不至于走成“虾米”或“坐板凳”式，必须适当收紧小腹，伸直膝盖，将重心从脚跟过渡到脚尖，自然会变得优美婀娜起来。所以即使身材偏高的商务女性，出席正式场合也可以选择稍有高度的皮鞋。

要想鞋和形体美完全统一，必须考虑鞋的舒适度。一双穿着不舒服的鞋，会因不得不改变行走姿态而破坏体态，久而久之会影响体型。

**选择合适的鞋**

一双穿着不舒适的鞋会使脚部受到不当的压迫、束缚，长时间穿这样的鞋，会使脚部变形或产生水疱、老茧，影响脚部美观。

舒适度是选择皮鞋的第一要素。每个人的脚不同，所以必须亲自试穿，才能有明智选择，否则很容易磨脚、不跟脚。不要单纯为了漂亮而选择一些看起来很时尚的鞋，只有适合自己的才是最好的。穿上一双舒适的鞋，走起路来也会更加自信、轻松。

选择皮鞋还应考虑到现有的服装，做到更专业的搭配。皮鞋以黑色、咖啡色、土黄色、灰色和米色等中性色彩为好，这些颜色给人沉着、冷静、干练的印象。而颜色鲜艳的皮鞋不宜选或少选，这样的颜色一般只在节日或特殊活动时才宜穿着。

最好选全“真皮”的鞋，也就是鞋里、鞋面都是真皮制成。真皮鞋具有透气吸汗的功能，且曲张度好，给脚提供了足够的呼吸空间，穿起来不仅舒适自在，看起来也有质感。

商务女性的鞋跟理想的高度在 2~4 厘米，最高不应超过 6 厘米。鞋跟和足底凹陷处的弧度必须合脚，踝骨与脚尖不应该直接碰到鞋子。

尽可能选择轻巧的皮鞋。要知道，鞋的重量每增加 1 克，对足部造成的负担相当于在人的脊背上增加几十克的重量。

尽量下午去买鞋，因为下午的脚容易肿胀，显得大一点。合适的皮鞋，第一次试穿的时候就应合脚，不要想当然地认为多穿几天就不磨脚了。在一次次痛苦的磨合过程中，你的脚会出许多问题，甚至会变形。

**皮鞋保养有术**

任何皮鞋都不是永远穿不坏。皮鞋常用鞋油擦拭或保养，用购鞋时同时配有的鞋模放在鞋内保持形状。再好的皮鞋如果不精心打理、保养，也会很快变形，失去原有光彩。

不要长时间穿着一双皮鞋，最多两三天就要让皮鞋“休息”一下，以便恢复原有的柔软度和弹性，也可以让皮鞋能有充足时间将鞋内的汗湿挥发干。

鞋面、鞋跟已磨损时，应该拿去修理。不要以为没人会在意这些小瑕疵，也许除了你自己，他人对你的这些问题都看得清清楚楚。新鞋穿时实在有些卡脚的话，可以用电吹风吹一吹鞋后的边缘，让皮质变柔软，也可以把创可贴贴在脚上，起到缓解不适的作用。

## 小提示大道理

女士包里除了各种必装的“武器”，还应该备有防止各种意外的“终极武器”。比如一条丝巾、一双备用丝袜、一两根曲别针、创可贴、携带型的简易针线包，以做到有备无患。

# 第三课

# 男士风度品位尽在仪表

THE
THIRD LESSON

## 他山之石

某次培训时，该单位的老总悄悄跟我说，一定要讲讲个人形象的问题。

他说，单位有几位中层干部非常不在意形象。更有甚者，衣服肩膀上经常有不少头皮屑。有人经常顶着“枕头”就来上班了。冬天干燥，脸上明显爆皮，也不打理。坐着的时候，不管是说话、吃饭，都有人不停抖腿……老总说，好多次跟合作方洽谈时，对方单位职工体现出的良好形象和素养，令他汗颜。

礼仪体现细节，细节体现素质，绝非夸大之词。不管是普通职工还是管理层，只要在单位上班或代表单位出去办事，都必须注意个人的仪表形象，容不得儿戏。

到什么山唱什么歌、在什么场合穿什么衣。即使是破衣烂衫、一向以颓废形象自居的摇滚歌手，在获得白金销量后也会精心打扮，穿着西装出镜领奖，这是基本的礼仪。

作为严谨、专业、自律的商务男士，更应注意着装打扮，不做外表“油腻男”。让形象走在能力的前面，不然你的能力很容易被低估。

## 修面：修好面才能更有面儿

调查显示：在职场女性眼中，精英男士的形象，除着装不得体让人大跌眼镜外，最大禁忌就是油腻的头发和汗臭味。

### 须发

合适的发型对个人形象非常重要，男士当然也是如此，务必要从“头”开始注意自己的形象。

应根据脸型来扬长避短地选择最适合自己的发型，有必要的话还可以请专业发型师设计，然后每次都请固定理发师照样打理就好。

最理想的状态是20天左右理一次头发，确保发脚线始终整齐。商务男士的头发最佳长度是：前不遮眉，左右不盖耳，后不及衣领。

注意随时保持头发的整齐、清爽。办公室里或包里放一把小梳子也未尝不可。蓬乱、有明显的头皮屑或者油光发亮，都是商务人的禁忌。至少两三天洗一次头发，油性头发应清洗得再勤些。很多男士觉得护发素是女士的专利，这是很奇怪的想法。男士也可以选择护发素，和洗发水一样，必须根据自己的发质来选最合适的。

原中国国民党主席马英九 2023 年 4 月初来大陆进行祭祖之旅。在某工厂参观结束，摘下安全帽后，可能怕弄乱了头发，随即双手往后捋了捋头发，或许还是不放心，随后又从口袋里掏出一把小梳子，边走边梳了几下，以保持整齐的发型。这一幕也被海峡两岸媒体拍了下来。

不宜剃成光头，除非发量太过“坎坷”或没有头发。

一般不要染发，除非将白发染黑。

商务男士不是艺术工作者，所以怪异或个性化的发型不是商务男士应该拥有的。对于烫发这种非常个性化的表现，在商务场合同样受到排斥。

除非因为宗教信仰而必须留须外，应养成每天剃须的习惯，确保没有胡茬，以不扎手为宜。

注意经常修剪鼻毛，避免其在鼻孔外“飘摇”。

**面容**

男士的面子容不得半点儿闪失。无论什么季节，保持面容清洁、无异物，都是起码的要求。

而眼角、鼻孔、耳朵，都是清洁的重点区域。但是如在公共场合做这些部位的清洁工作，比女士在公共场合化妆更让人觉得不可思议。

男士使用适当的护肤品保护皮肤非常有必要，特别是干燥的季节，一定要保持皮肤的湿润，避免起皮。

唇部应始终保持滋润，尤其在干燥季节，应该随时准备着润唇膏。一个唇部干裂的人，还时不时地舔舔唇部，以这样的状态站在他人面前说话，总会让人产生莫名的烦躁。

除非你想改行，否则不要打鼻钉、唇钉或者戴任何的耳饰。

**牙齿**

牙齿不仅要清洁、洁白，还要有清新的口气。除不把牙齿当作咬硬物的工具之外，还应加强护理。早晚科学地刷牙、餐后漱口是起码的个人卫生习惯。刷完牙后也可以使用牙线，能十分有效地清除牙缝中的残留食物，防止蛀牙。烟和浓茶是牙齿变黄的重要因素。牙齿上如果有不易去除的牙垢，就应去专业机构洗牙了。

很多学员跟我说，他们都曾饱受他人口腔异味的困扰。所以我一直提倡：不管是商务会面还是私人社交之前，都不应吃容易产生口气的菜，像韭菜、生蒜、生葱、生洋葱，等等（如图 3–1 所示）。当然，上班之前或上班期间，也不应吃。

感觉自己口腔有异味时，可以采用一些去除异味的方式，如喷口喷、嚼口香糖、嚼茶叶等。需要注意的是，这些都不应当着他人的面进行。

图 3-1　有口气 处处受气

# 商务正装：打造专业的成功形象

俗话说："先敬罗衣，后敬人。"商务男士的着装问题当然不可以马虎。

重要的商务场合，如签约、高端招待会、发布会、重要洽谈会议，拜访重要人士等，都应穿着商务正装，单位统一的工作服或普遍认可的也就是要穿西装、衬衫、皮鞋配领带。特别是中高层商务男士，穿商务正装不仅是自重，更是对同事、公司、客户以及现代商业规则的尊重。

**西装**

商务男士应有几套合体的西装，哪怕价格高一点也值得。合体的西装能更好地提升自己的风度和品位。

商务场合单排扣西装比双排扣的更普及，也更受欢迎。色彩应是单色，藏蓝色是首选，灰色或棕色也可以考虑，一般不选黑色，黑色是礼服色，平时穿着会让人觉得太过严肃。不宜有图案，但可以选择"牙签呢"缝制的竖条纹西装。

一般场合穿两件套西装，即西裤、西装上衣是一套；三件套，即西装里面还穿一件马甲，在参加高层次的活动时才穿。西装上衣可以另配西裤，另配的西裤质地应和上衣接近，至少不能比上衣单薄，颜色接近或深于西装上衣。亮面西装不宜作为商务正装。

西装上衣的最佳长度，是手臂向前伸直的时候，衬衫袖子能露出西装外套袖口 1~2 厘米。

穿新西装之前先拆除上衣袖口处的商标或质地的标志。

单排两粒纽扣西装，只系上边那粒；单排三粒纽扣，只系中间一粒或上中两粒。但双排扣西装要求把所有能系的纽扣都系上。

西装马甲有单排扣式和双排扣式两种，上面的口袋只用来放怀表。单排扣式马甲最下面的那粒纽扣不系，而双排扣式纽扣全部系上。

西装上衣外胸袋只放丝质口袋巾，内侧胸袋放轻薄物品，外侧下方口袋不放物品。

就座后，上衣的纽扣可以解开，起身后再系上。禁忌挽、卷西装上衣衣袖或西裤裤筒。

西裤裤线保持笔挺，以站立时裤长能盖住鞋面、不露出袜子为宜。裤腰提到靠近身体自然腰线的位置，腰头平贴腰部，系好搭扣，不能卷曲翻转，不露出内裤边。

西装裤子侧面的口袋最多放一点儿纸巾、小钥匙包等不影响裤型的小件物品，尽量减轻口袋负担。后侧口袋不放任何物品。

**衬衫**

和西装一样，衬衫是商务男士的必备。配西装的衬衫应是长袖的，以纯棉、纯毛制品为主的正装衬衫；以棉、毛为主要成分的混纺衬衫，也可以酌情选择。全棉免烫衬衫虽然价格上稍贵，但因为好打理，受到很多商务男士的欢迎。衬衫可选单一色彩的浅色，白色最佳。正装衬衫不应有夸张图案，较细小的几何图形衬衫除外；

但条纹衬衫忌搭配条纹西装。

商务正装衬衫的领型多是方领、短领和长领。商务正装衬衫的领型大小应和本人的脸型、脖长相协调，它们之间反差不要过大。立领衬衫配西装不能作为商务正装。

衬衫衣领的最佳高度，伸直脖子的时候衬衫领口能外露于西装领口 1~2 厘米；衣领的宽度，以扣上第一粒扣子后能自然地塞进自己的一只手指为宜。

在一般商务交往中，长袖衬衫不宜单独外穿。

打领带时衬衫所有纽扣都应系上，下摆均匀地掖到裤腰内。不打领带，则应解开衬衫领扣（如图 3–2 所示）。

衬衫内一般不穿除薄背心之外的其他内衣，颜色浅于衬衫，并确保不外露。

隆重的商务场合，不能把衬衫袖管撸起来或卷起来。

如果经常有应酬，特别是有正式晚宴、舞会之类的应酬，建议衣橱里准备 1~2 件白色法式双叠衬衫，高管更应如此。

根据惯例，正式场合中的商务正装，西装和衬衫之间不应穿毛衣。冬季必须加毛衣时，以单色 V 领薄型为主。冬季室内较冷的地区，日常上班也可以在衬衣内穿保暖衣，但保暖衣尽量选 V 领，不要从衬衫领口露出。

### 皮带

男士商务场合用的皮带质地需是皮质，首选黑色；穿棕色皮鞋

图 3-2　不打领带就解开领扣

时，宜选棕色皮带。皮带宽窄应在3厘米左右。太窄，会失去男性阳刚之气；太宽只适合于休闲、牛仔风格的装束。皮带的长度是不应忽视的，系好后的皮带，尾端应介于第一和第二裤袢之间，并确保不翘立出来。皮带上除了本身纹理或压制的商标，不应有其他装饰，更不宜悬挂物品。皮带扣要求简洁，太花哨了会显得女性化；应是自动扣，针式皮带扣不适合商务场合用；皮带扣以金属质地为主。

**鞋袜**

同深色西装配套的鞋子，只能选择深色、单色的皮鞋。黑色牛皮鞋和西装最搭配，棕色也可以选择。磨砂皮鞋、翻毛皮鞋不是正装皮鞋。

商务正装皮鞋，除本身的商标外，不应有任何图案、装饰。系带皮鞋是非常正规的选择，三截头皮鞋最正式。鞋跟在2厘米左右，不钉金属鞋掌。船形皮鞋、盖式皮鞋、拉锁皮鞋、皮凉鞋都不是商务正装皮鞋。

确保皮鞋永远清洁。在包里应该装上擦鞋器备用，至少也应准备上擦鞋布。脚气较重的人，应该随时备有香水，以备“不时之需”。

袜子最好是纯棉制品，以棉为主要成分的混纺袜子也可以选用。颜色一般是深色、单色，其中黑色最正规。不要选择白色袜、彩袜、花袜或发光、发亮的以及浅色袜子。袜口要松紧度适中，弹力和束缚力好。袜筒的最佳长度，穿上拉伸后可以够到小腿肚，以坐下时不露出袜口为宜。穿休闲装时，袜子就可以按自己的喜好搭配了。

**自我检查**

媒体上经常曝光一些社会名流，因着装不妥而闹出的种种尴尬。他们有专门的形象设计团队尚且如此，对普通人来说，更应多注意，尽可能减少不妥着装行为的发生。

其中最简单易行的，就是在家里准备一面镜子，镜子的大小，以你站在镜子前面能够照到你的全身为宜。每次出门前，站在镜子前从头到脚做个检查，以最大限度地避免着装疏忽带来的尴尬。同时，这样也能检视服装配饰搭配是否自然。

## 商务休闲装：塑造轻松的商务形象

现代商场竞争激烈的同时，也刮来了一股商务休闲风。很多单位为了让员工减轻压力，从着装上放宽了一些要求，提倡正装休闲化，即商务休闲装，广受商务人士五星好评。

商务休闲装就是介于商务正装与休闲装之间的着装。其款式可以简约、宽松些，材质上可以柔软些。商务休闲装看上去不再像商务正装那样严肃、拘谨，而是体现出特有的舒适、自然和适度轻松。

**着装时机**

商务休闲装，当然是在商务场合范围之内穿着，区别于那种居家、朋友聚会、个人度假、逛街散步等纯粹个人时间的休闲。商务休闲装的着装场合有：

提倡正装休闲化的单位。本单位没有着装要求时，可穿着商务休闲装。

在非正式场合或某些特定情况下。

周五允许穿休闲装的单位，即周五休闲装。

外出考察时。

陪同考察参观时。

出差路途中。

现在的商务休闲风似乎越刮越烈，但商务休闲装毕竟不是商务正装，所以还是不应出现在非常正式的商务活动中。

**穿着要求**

和商务正装的穿着相比，商务休闲装在搭配方面的讲究相对少一些，个人发挥的空间大。但也绝对不能过于随便，像运动装、乞丐装、背心、短裤、凉鞋、拖鞋及家居装束还是在禁忌之列。

用商务正装改成商务休闲装，这是最普遍的做法。摘掉领带、解开衬衫领扣是最简单的方法。除此之外，就是在商务正装内配自己喜欢的服装、裤装或皮鞋的问题了。内穿的服装，可以是T恤或亮色衬衫、牛仔布衬衫、半高领羊毛衫、polo衫等休闲式装束。裤装质地可以和西装上衣接近，或者是卡其布，不宜选择牛仔裤。

也有人用休闲款式的西装作为商务休闲装，这种更显休闲。休闲式西装往往是不收腰身的宽松式，颜色、款式上相对商务正装有更多选择，有的肘部做出打补丁的感觉，有的采用木纹纽扣等。面料选择余地比较大，像棉、麻、丝、混纺等常规选择外，毛、皮、各类化纤织物等，都可以选用。要想提高休闲西装的档次，一定要考虑面料。需重视穿着的舒适与否、外观质感，还要和所穿的其他着装面料相同或相似。

穿着休闲西装时，所配衬衫无论颜色、质地还是款式，相应有了更多选择。短袖正装衬衫也往往被视为商务休闲装。

皮带可以是黑、棕之外的颜色，也可以是针式皮带扣。

皮鞋，只要遵循“皮带与皮鞋相配”的基本原则就行，只是在颜色、款式上都可以区别于正装皮鞋，可以是系带或不系带的、压花的、带金属扣的，颜色尽量和皮带统一。

裤子，可以是纯棉面料或其他新型面料，其中最出色的要数米色和白色。上衣色调和裤子同色系（黄色、茶色、咖啡色等）时能给人亲近、闲适之感，而和裤子成反差色系（黑色、藏青色、墨绿色等）则给人干练、精明的感觉。选择有反差的色系时，穿一件与裤子有色彩呼应的格子或条纹衬衣也是很好的选择。

## 西式礼服：你知道的有多少

商务交往的各种场合，都应该穿商务正装。但在非常隆重的场合，如晚宴，仅是普通正装还不够。

**不同的礼服**

礼服是最正式的正装，整齐划一的版型、昂贵的面料和有着贵族风范的精细做工限制了它只属于一些特定场合，如仪式、宴会、晚会、音乐会等，而且不同时间的不同活动，都有不同的礼服要求。

晨礼服，也叫常礼服、白天大礼服。这是白天特别是在户外举行迎送贵宾仪式或典礼时的服装。至今仍是西方男士晚间 6 点前最正式的礼服。在隆重的场合，上装为黑色燕尾服、马甲，戴黑色丝织高顶帽；一般场合，比如婚礼，则穿灰色的马甲、戴灰色的高顶帽。与之搭配的是白色双翼式或普通礼服衬衫、灰领带、灰色带条纹的长裤、黑皮鞋。晨礼服的长裤是与黑色或黑白色条纹吊带搭配穿着，穿着时避免露出衬衫和吊带扣（如图 3–3 所示）。

小礼服，也叫晚间小礼服。主要用于晚上 6 点以后举行的宴会、鸡尾酒会、颁奖仪式、舞会、音乐会或其他的演出活动等晚间的活动。上装为黑色翻领，领子上及侧口袋镶缎，无袋盖，扣子必须用缎包起来，配黑色领结，配侧镶嵌单条缎带长裤，用腰封，即使不用腰封也不能系皮带。穿马甲，白色双翼领、胸前带褶皱的衬衫及黑色皮鞋和袜子配套（如图 3–4 所示）。

燕尾服，也叫晚礼服或大礼服。主要用于极为隆重的宴会或招待会等晚上 8 点以后的大型、庄重的活动（如图 3–5 所示）。

图 3-3　男士晨礼服

图 3-4　男士小礼服

图 3-5 燕尾服

燕尾服的形式相对固定，上装多是黑色，前摆齐腰摆平，后摆较长，呈燕尾状。燕尾服不系扣，只在前身设双排六粒扣装饰。和燕尾服搭配的是：白色双翼领衬衫，胸前有“U”形胸衬，配白领结、白色丝帕、白色手套、黑色大礼帽。里面为三粒或四粒扣方领或青果领的白色礼服背心；下身为和礼服同面料的长裤，裤侧镶双条缎带；裤子用白色吊带固定；脚穿黑色袜子、漆皮皮鞋。

这种礼服，大型乐队指挥、古典交际舞比赛、豪华宾馆指定的公关先生（且为晚上）也穿着。

**临时礼服**

领带或领结、袖扣是礼服的标准配饰。所以，临时要穿礼服，而又没有的话，可以把正装改成礼服救场。成为礼服的正装应该是深色的，最好是黑色。在西装前胸袋配上丝帕。当然，如果把普通衬衫换成法式衬衫或者翼领衬衫，佩戴袖扣和领结就更好了（如图 3-6 所示）。

## 应了解的中式礼服

中山装是我们的民族服装，也是我国男士的传统礼服，由孙中山先生提倡。因为它的简便、实用且很贴合我们中国人的身材特点，自辛亥革命起便和西装一起开始流行。

我国男士完全可以穿深色中山装作为礼服，出席重要的场合。

图 3-6　商务正装改成礼服

中山装是立翻领，对襟，前襟五粒扣，上下四个贴袋，袋盖外翻并有盖扣，袖口三粒扣，衣服的后片不破缝。

穿着讲究整洁干净、熨烫平整，养成穿前熨好、穿后挂好的习惯。衣领里可稍许露出一道白衬衫领。保持整体衣物平顺。内衣不可穿得太厚，以免显得臃肿。无论什么社交场合，都要系好扣子和领钩。

庄重的场合，中山装和衬衣都应该扣齐所有的衣扣，衣扣和领扣不能随意解开，更不要敞开对襟，不要随意卷袖子。

一套合身的上下同质同色的毛料中山装，配上黑色皮鞋，显得庄重、稳健、大方，富有中国男子气派。在国外，当主人要求穿正式礼服时，我们穿黑色中山装赴约，是庄重且符合礼仪的表示。

现在，我们可以看到越来越多的公众人物都穿中山装出席各种重要场合。国家主席习近平，出访参加国宴时，就经常穿改良版的中山装。

现在改良版的中山装是立领、暗扣、暗兜（而不是外贴兜）。有些还饰以龙、凤、梅、兰、竹等中式图案刺绣，更加突出我们的民族特色，尽显中国风，既典雅、庄重、生动，又气场十足，更展示出我们的文化自信、民族自信。在正式的晚宴特别是涉外晚宴上，还可以在左上口袋放一块口袋巾，以示尊贵身份及对他人、对晚宴主办方的尊重。

# 差旅服饰：特殊情况的专业应对

出差在外，所有男士的想法可能都差不多：行李能少就少，服饰能简便就简便。本着这个原则，我对男士差旅服饰的建议如下。

**服装**

如果只是外出度假或亲朋串门，穿什么都无所谓，但商务出差就有诸多注意事项了。

旅途中最好穿休闲外套，这样既确保旅途中着装的舒适、随意，又不用担心路上穿正装随时会弄脏弄皱。到达地点后、商务会面前再换上正装。

现代交通发达又便利，很多地方经济圈一小时达，高铁、动车分分钟的事儿。如果一下火车或者飞机即有重要会面，旅途很短，也可以穿正装，只是这时候的正装应尽可能选深色，深色的衣服耐脏。

出席隆重的招待晚宴时，就应不嫌麻烦地准备一套正式礼服了，实在没有就用深色西装。而且现在也有很多地方可以租到礼服。

对于一天以上的出差，即使旅途中不穿休闲装，箱子里也应该预备一套，以使自己的私人时间更加轻松、自如。

而普通的商务洽谈，为使行李更简便，可以用有领T恤来搭配休闲西装，这样既便利又大方，白天夜晚都适合。

除非是当天往返，否则箱子里应该预备一两件衬衫，而且衬衫应该在颜色上有些区别，不宜都是一种颜色。这样既方便换洗，也避免了天天穿同一件衬衫的嫌疑。

出差时间较长，应该预备两条或两条以上领带，以便和衬衫搭配出更多效果。

除非你的箱子里另放了一双皮鞋，否则脚上穿的应该是既轻便又舒适的正装类皮鞋。新买的皮鞋不适合穿着出差，那种磨脚的感觉会让你恨不得马上将其脱下扔掉。应该平时磨合一下再穿着出差。

无论是外套、衬衫还是裤子、领带，这些都怕皱，即使折叠得再好，入住酒店后也要尽快把箱子里不需要马上穿戴的衣物都挂起来。

西装或衬衫皱了，只能去熨。如果领带皱了，酒店里若有圆柱形酒瓶或水瓶，可以把领带一圈圈地紧紧缠绕在上面，一夜之后领带就恢复平整了。

**出差配件**

商务出差不是旅游，所以还需要带上不少配件。

名片。出差的时候，很多人都忘了带名片，这是非常业余的表现。再怎么轻装上阵，也应该把名片夹提前准备好。穿着上即使再得体，见面礼节再周到，如果忘了带名片，难免会让人觉得有些煞风景，大失印象分。近年来因为微信运用较广，名片也慢慢被弱化了，人们互相加微信，那就需要提前做个电子名片保存到手机里，方便及时发送给商务伙伴。

签字笔。出差就是为了商务洽谈，常常要写字或签字，甚至签约，所以一定要携带两支大方一点的签字笔，笔油应是黑色。一支放在外套内侧口袋里或公文包里，另一支放在箱子里备用。便宜的圆珠笔或者1元一支的签字笔就别带着出差了。

其他小物件。剃须刀、手机和电脑充电线、指甲刀是出差必备的。而像耳机、移动充电宝（不超过1万毫安）及其他带有电线的物品，先把各自的长线盘起、系好，放起来，不能简单地往一起塞。否则，等用的时候就会面对一大堆缠在一起乱如麻的线而头痛。

为以防万一，还可以准备一些常用药，如感冒药、止泻药、创可贴，夏天出差还应该准备防蚊虫的风油精。

存储材料。准备一本大方的记录本是非常必要的。眼里过千遍不如手里过一遍，把一些重要的信息记录下来，是高效商务人的好习惯。

另外，如果条件允许，出差带笔记本电脑是非常专业的习惯，极大地方便了记录、存储、演示。

**清洁用具**

很多人都有这样的经历：一说要出差，回家后赶紧收拾，把牙刷、牙膏、洗面奶、剃须刀一股脑儿全塞到包里匆匆出门。等到出差回来后发现剃须刀丢在酒店了，或洗面奶忘在飞机的洗手间了。于是，第二天上班只好胡子拉碴，或者干脆只用清水洗脸出门。

对于经常出差的人，洗漱用品最好准备两套。即使不经常出差，也最好在家里准备些小包小瓶的旅行装。这样在出门的时候，只要把洗漱包往箱子里一放就可以了。洗漱包应结实柔软而防水，可以随意被塞进箱子任何角落而不会发生“泄漏”问题。

洗面奶、护肤霜必须自带；要是不习惯用酒店一次性牙膏牙刷、洗发水、洗脸毛巾、梳子，这些也应自带。每个盛装液体物品的容器容积（而不是液体的容积）最好不要超过100毫升，否则在乘飞机时就要单独办理托运。

怕东西带不全，可以将出差必备的物品分门别类地列一张表，每次出差照表核对，这样就不会出错了。

**行李箱**

准备拉杆箱。有差旅经验的人，都会选择坚固外表、防摔防划的万向轮拉杆箱，既能手提又可以拉或推，方便、省力。箱子可以自己立着，免去了一直背在身上的负担。

准备皮包。出差在外，商务洽谈的时候总不能拿着文件袋，更没必要夸张地拉着行李箱去见商务伙伴，所以还要准备一个皮包。这种皮包，应该是黑色或咖啡色的真皮质地，大小能够从容地放下需要放的文件、材料及笔记本电脑。

## 领带和领结：商务男士的专业行头

对于商务男士来说，领带是必须准备的行头。用法有什么讲究呢？领结又有什么要求？

## 领带的使用

我们从领带的选择、领带的搭配、领带的打法三个方面介绍领带的使用。

领带的选择。商务场合的领带，质地应是真丝或羊毛，涤丝领带也可以。样式上来说，下端为箭头的领带，比较传统、正规，用得最普遍；下端是平头的领带，就显得时尚、随意一些。领带的宽窄应和腰围、西装上衣的衣领成正比。

“一拉得”领带，不适合在正式场合（如仪式、庆典、重要接待、重大会议等）使用。

领带最合适的长度，应该是打好后下端刚好碰到皮带扣。

领带夹是起固定作用，而不是来装饰的。如使用领带夹，不应暴露在外，最好夹在衬衫自上而下的第四粒到第五粒纽扣之间。正式商务场合穿西装套装需打领带。无论衬衫外面穿什么，领带始终都要紧贴衬衫，两者之间不能隔着其他衣物。

领带的搭配。上班时避免用颜色太浅的领带；深色西服可配颜色较华丽的领带；配淡色西服的领带也要相应素雅一些；当衬衫色调强、花纹多，领带则应相对素雅。

一般来说，素色、斜纹、圆点等的几何图案领带能够和任何款式的西服或衬衫搭配，但在穿直条纹西服或衬衫时避免选直纹或横纹的领带，最好用斜纹、圆点或草履虫形等没有方向性图案的领带。不要选择大型象征图案、故事图案及黑色、紫色的领带，也不要盲从流行图案。同类型的图案不宜相配，如格子的西装不要配格子的衬衣和格子的领带。有多种颜色图案的领带，如果图案中的任何一种颜色和衬衣或西装颜色一样，则能达到锦上添花的效果。可以用印有单位LOGO的统一制式领带，最省心。

秋冬季节的领带一般以暖色为主，如深红色、咖啡色之类的暖色调在视觉上就会产生温暖的感觉；而春夏季节可以冷色调为主、暖色调为辅，给人以凉爽的感觉。

年轻男士适合色彩鲜艳、对比强烈的款式，以加强青春朝气；年长者宜选择暗色、花型简洁的款式；个子高的应该选择外观朴素、雅致大方的；个子稍矮的适合系斜纹细条的；脖子短的避免用领结；面色红润饱满的宜选丝绸料的领带，颜色以素净为主；脸色苍白、晦暗的就可以用明亮色调的领带。

需要注意的是，每天更换衬衫和领带是商务达人的必修课。即使两三天确实穿不脏也实在不想换，也要换一条领带。否则，很容易让人联想到是“夜不归宿”、缺乏责任感的男士。

领带的打法。要将领带结打得挺括、端正。领带结的具体大小，应和衬衫衣领的大小成正比，最忌领带结打得不端不正、松松垮垮（如图3–7、图3–8所示）。

### 领结的使用

西方的流行文化中，领结经常被视为绅士气质的象征，领结不

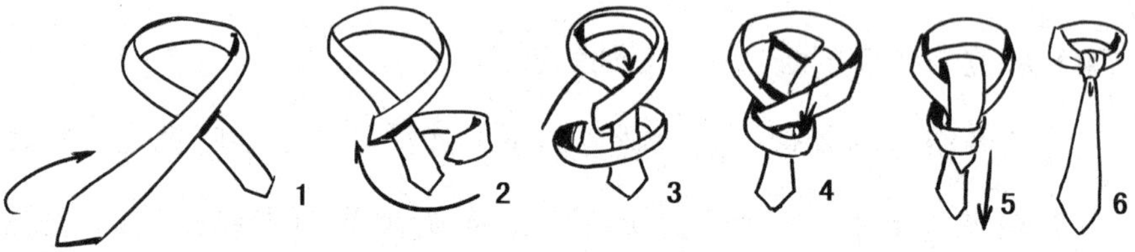


图 3-7　领带打法 1

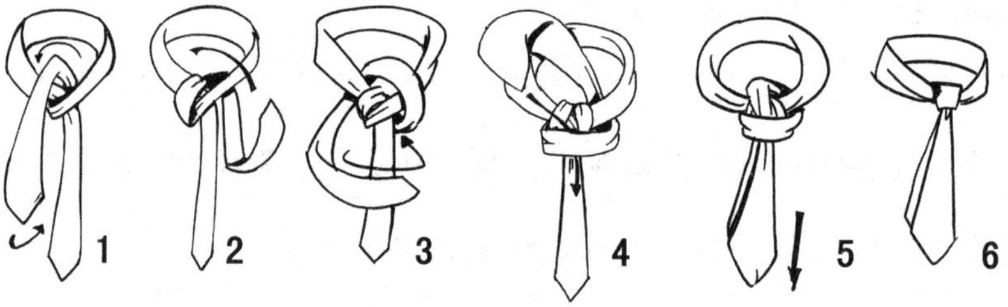


图 3-8　领带打法 2

是老派而是经典，如小说和电影中的特工 007。原香港特首曾荫权早年穿西装也打领带，但有一次某位英籍官员发现曾荫权领带打得不好，于是建议他试试简单的领结。结果一试上瘾，从此曾荫权爱上了领结，出席重要场合时戴的都是领结，也由此建立了其“英国绅士”的个人形象。

领结是领带的最早形式，比领带更正式。能系领结的场合也可以系领带，但能系领带的场合，不一定适合系领结。领带可以配各种西服款式，而领结只能配礼服和翼领衬衫。

晚宴、慈善晚会、庆典、舞会、大型文艺活动、酒会等非常隆重、郑重的场合才可以打领结。平时上班或者普通商务场合打领结的效果就不敢恭维了，在国内会让人误以为是餐厅服务生。

不同着装配不同颜色的领结。深色西装应配深色领结，浅色西装搭配浅色领结，领结的颜色可和西装颜色相近，也可以略深于西装。白色领结是晚礼服中最正式的领结样式，只用于配穿燕尾服，被看作是最正式的晚礼服；黑领结用于配穿小礼服和礼服变种。餐厅服务员如果戴领结，按惯例都是黑色领结。

领结的质地要求和领带相同，应是真丝或者羊毛的，涤丝的也可以用。样式上没有特别要求，只要能打出蝴蝶结的效果就可以。打好后，左右两个结的形状、大小相同，端正，中间的结饱满、匀称、居中（如图 3-9、图 3-10 所示）。

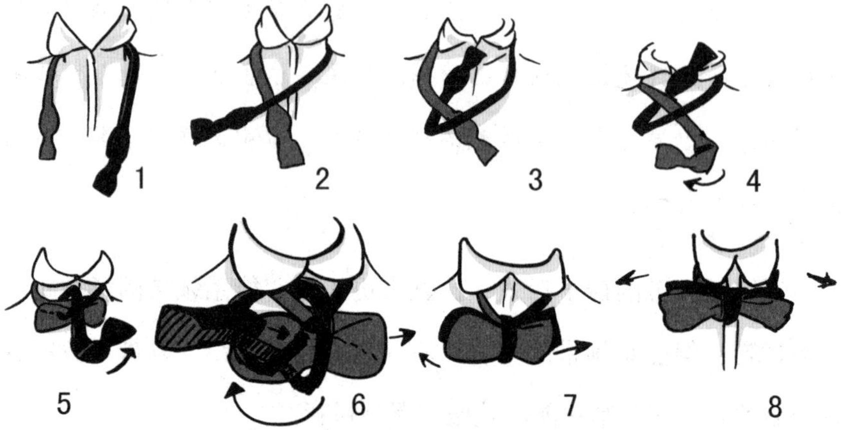


图 3-9　领结打法 1

图 3-10　领结打法 2

为了方便，现在也有些领结是事先打好，其形状以缝制方式固定，安置在一个布环上以供套在领上，但这种领结的质感往往没有打出来的好看。

## 饰品与配件：商务男士的品位细节

调查显示：近60%的女士认为适当的饰品能有效增添商务男士的魅力。适合商务男士戴的饰品包括领带、项链、手表、戒指等。其中领带的内容已介绍过了。

### 项链

项链的色彩、质地要和戒指一致。商务场合的男士不宜戴粗项链，特别是粗粗的金项链。整齐的发型、西装革履之下，戴着明晃晃的粗金项链，就像香港演员成奎安塑造的一系列“大傻哥”的经典形象，让人不敢接近。项链长短合适，外露是商务男士形象的大忌。但在不系领带时，解开第一粒衬衫扣子时自然露出一部分除外。项链如有链坠，只能有一个，并且不应是怪异的图形、文字。

### 手表

手表是男士最重要的首饰。商务场合的手表，造型应庄重、保守，避免怪异、新潮。尤其位尊者、年长者更要如此。一般正圆形、正方形、长方形、椭圆形和菱形手表适用范围极广，也适合在正式场合佩戴，颜色上宜选择金属色。表带应是金属或真皮质地。手表上除数字、商标、厂名、品牌外，没必要再出现其他无意义的图案。怀表、广告表、卡通表、运动表，不适合商务场合佩戴。

即使选择几百元一只的普通品牌手表，也不宜戴世界名表的山寨表，诚实永远比弄虚作假更受商务伙伴欢迎。即使再有经济实力，商务场合也没必要戴亮瞎钛合金眼的钻表。这种过分招摇的钻表，欧美地区只有男性“特殊从业者”才戴。

**戒指**

如戴戒指，一般只戴一枚，这样更符合商务人士专业、干练、严谨、负责的作风。造型简洁，没有任何镶嵌的戒指最适合商务男士戴。毕竟这种场合不是为了将他人注意力过多集中到你的戒指上，更不是炫富。如果同时戴项链，戒指质地应该首先考虑和项链同质、同色。

戒指和手指粗细成正比，手指较粗，戒指也应该相应粗点；手指较细，戒指也要相应细点。

戴戒指要注意不同的寓意。拇指一般戴的是扳指而不是戒指，其余四指戴戒指公认的寓意是：食指表示渴望被爱；中指表示正在热恋中或已订婚；无名指表示已婚；小拇指表示是单身或独身主义者。

还有其他配件也要注意，主要包括眼镜、名片夹、钱包、打火机、公文包。

**眼镜**

通常戴眼镜的人显得比较儒雅，但要选择一副适合自己的眼镜，款式应相对比较入时但不夸张、不异形。流行在变，适合自己的才是最好的。比如圆脸者再戴圆眼镜，就成了“扬短避长”。

太阳眼镜很容易突出时尚风采，墨镜也能有效防止刺眼的太阳光，但两者在室内戴的话，给人感觉就是：想显示你与众不同的地方，或者在告诉他人你眼睛视力有障碍，或想暗示你是黑帮老大。戴太阳眼镜或墨镜，进入室内之后的第一件事就是摘掉。鉴于此，眼睛近视者商务场合不宜选择变色眼镜。

**名片夹**

现在使用纸质名片的场合相对少了很多，往往一见面互加微信。名片夹相对用得也少了。名片夹，材质上选用真皮或浅色、单色的金属质地、精致的名片夹。造型简单、大方及方便取拿名片。卡通造型、多色的名片夹都不宜选用，更不宜用钱包代替名片夹。名片夹不放名片之外的任何物品。

名片夹放在公文包、西服上衣内侧衣兜。有多种名片时，则最好放在不同的名片夹里，这样能方便、精准拿取。

**钱包**

那种把纸币和各种卡都塞到口袋里，用的时候一件件翻出来找的，很难让人相信工作能处理得井井有条。商务男士的钱包也应是真皮质地，颜色上如果能和皮鞋或皮包同色最好，艳色或杂色都不适合选择。钱包不宜装得太厚，否则放在任何衣兜里都会使衣服变形，可以把现金和卡、证件分别放在不同的皮夹里。当然，现在钱包的用途变得更少，随着手机支付的普及，现金及银行卡都较少用到了。

**打火机**

对于有抽烟习惯的商务男士，口袋里应装一个小巧精致的打火机。那种10元一把的打火机，就让它从商务男士的口袋里消失吧。

**公文包**

公文包和西装一样重要，是商务男士的必备配件，面料应该是黑色或棕色的真皮质地。除商标外，公文包外表上不要带有多余的图案、文字。

手提式的长方形公文包是最标准的。箱式、夹式、挎式、背式等其他类型的皮包，都不适合当作公文包。

公文包被认为和皮鞋同类。所以进入客户办公室后，应把公文包放在自己座位附近的地板上，或主人指定的地方，而不是随便放在桌上。

按照商务礼仪惯例，男士的公文包应该和皮鞋、皮带颜色一致，这也称为商务礼仪的“三一定律”。如果你的皮鞋大部分都是黑色的，那么公文包最好也应选黑色。

## 小提示大道理

搭配西式礼服多是可配袖扣的法式双叠袖口衬衫，也不用领带夹。

室外御寒时，只能在礼服外套风衣、大衣或围上围巾，而进入室内则脱掉外套及围巾。

# 第四课

# 娴熟往来、左右逢源

THE

FOURTH LESSON

# 他山之石

小陈和领导乘出租车出去办事。小陈主动请领导坐副驾驶座，觉得这个位置视野开阔。领导一脸的不乐意，但也没说什么。回公司一问同事，才知道后座才是上座。几天后，陪领导去矿区办事的时候，他自信满满地请领导坐在了后排座。奇怪的是，领导还是一脸不乐意的样子。回来一问同事，才知道这回是吉普车，副驾驶座才是上座……

商务往来中，因不懂得礼仪惯例而出现尴尬的事或许每天都在上演。学习并熟练使用商务往来礼仪，是我们商务人必做的功课。

我们在内外交往中，应表现出起码的修养和风度，以使和商务伙伴的往来更富成效，和同事的关系更加融洽。说话有尺度，交往讲分寸，行为有节制，就更容易被尊重、被接纳，从而获得更多人脉。

## 接待前的了解与准备

不打无准备之仗，商务接待当然也是这样。对这次接待的情况有所了解，才能做好准备，从而让本次会面更有成效。

**日常接待**

首先要了解来宾的有关情况，包括来宾单位名称、身份、姓名、联系方式、来访目的、到达的时间等。还要主动告知对方：我方接待人员，特别是主要接待人员的姓氏及身份。

当会见人在与所约接待相近时间还有其他事，应提前告知，让对方心中有数，把握好时间节奏。比如约好 9 点会面，而你 10 点还有其他工作安排，最好提前告诉对方，而不应在会面中不时看表，显得心不在焉。

日常接待一般不需要特别布置会谈现场，也不需要宴请、特殊的迎送工作。一般由职务与之相对应的人或事件负责人接待、洽谈。出面接待的人员应包括负责此事联络人，还要考虑是否需要其他人员参与，如有需要，应提前做好内部协调。

对于主谈事项，应事先做好相关资料（合作意向书或合同样本、会谈材料等）准备，沟通好口径。另外，还要看是否需要准备会议室、投影设备等硬件。

如果对方有一定身份，或者来访对本单位的合作有一定价值，最好能请本单位、部门领导或者主管领导出面，以示重视。

即使对本单位来说是经常性的接待，但既然双方见面，意味着可能有某种合作。那么就不应因对方身份的高低、单位的大小而给客人以冷淡之感。这事关本单位的形象问题，也事关我们个人的修养问题。所以，应给予对方基本的礼貌和尊重。

**重要接待**

重要接待的情况要复杂一些。了解来访的人数（包括性别）、身份、民族、联系方式及到达的具体时间，若是外地的客人，还应了解其所乘交通工具等。重要来宾，即使是本地客人，如条件允许，也应提前做好诸如民族及饮食禁忌等重要信息的了解工作，以便为可能的宴请或将来的深入交往做准备。

对于远道而来的客人，如已方不承担住宿安排责任，出于礼貌或东道主的责任，也可以主动询问是否需要协助预订酒店。要订酒店时，应该明确对方对酒店档次及交通位置的要求、所需房间数量、是否符合客人的民族信仰和习惯，以及有无特殊要求等。是否需要协助购买返程票也应询问（如买票，还需要对方姓名及身份证件号码）。

当然，对于有公职身份的客人，安排住宿时必须考虑到要符合对方公职身份对于酒店级别的管理规定，以免给客人带来额外的麻烦。

安排接待人员，并做好分工。包括接待前期联络与情况沟通人员、哪些领导出面、全程陪同人员，机场/车站接机接站人员、在单位接待人员、翻译人员（有外宾时）、会谈记录人员、会谈现场服务人员、宴请酒店及菜单安排人员、参观或旅游陪同人员，礼品安排及馈赠人员、送别人员。如需要安排欢迎仪式，还要组织欢迎人员、领导或来宾发言引领人、发言领导及致辞撰写人员等。同样，如接待公职身份客人，必须考虑到中央八项规定及一切从简的原则。

重要的接待，接待人员应有一定身份，酌情考虑身份的对等或者稍低一点，会谈时再由身份高者出面。对本单位有重大影响的来访，也可以由身份比对方高些的人员作为主要接待人员。优先考虑对方熟悉的人员接待或参与接待。保证主宾有专人陪同，其他人员可以共有一位陪同照顾、解说介绍。需要致辞或有欢迎队伍时，还应设引领人。

硬件方面，包括接待的车辆安排、是否需要在单位悬挂欢迎横幅、准备贵宾接待室等。会议室安排及美化与布置（横幅、音响、话筒、投影、白板、遥控笔或激光笔、幕布等），会谈材料（合作意向书或合同样本、会谈材料、人手一份的书写工具等）、位次安排、姓名牌、茶水、茶具、茶点等。有很高社会地位的来宾或名流的来访，还应准备好笔墨纸砚或精美赠言簿，请来宾留下“墨宝”。根据中央对国家领导干部的要求，现在在接待政府部门领导时，不能再安排题字环节了。

对于要会谈的事项，应明确沟通思路、方式并事先统一口径，明确承诺权限、需要询问的事项等。

对于重要接待，应就以上内容做好接待计划方案及预算，做到专事专人、专项负责。

不管是什么样的接待，寒冷季节时最好还要做给衣服去静电的准备。寒冷季节空气干燥，容易产生静电，尤其在北方地区，所以商务会面之前，最好在衣服上喷一点可去静电的柔顺剂；若没有柔顺剂，可以在腿上（不是裤子或裙子上）、手上抹一些护手霜，也有去静电的效果。否则，握手时会有静电，自己的衣服容易被静电吸得不挺括，而且有静电的裤子或裙子还会吸地毯上的灰尘。如实在来不及准备柔顺剂，也没有护手霜，沾一点水在衣服上稍事抹一下也能临时应急。

另外，如有统一的工装，客人来本单位时，不管是日常接待还是重要接待，都可以穿着工装接待。

# 称呼：避免让他人尴尬

戴尔·卡耐基认为，一个人的名字对本人来说，是最重要和最甜美的声音。有一次，卡耐基与布尔门铁路公司竞标太平洋铁路的卧车合约，双方竞争相当激烈，彼此不断削价直至无利可图。不久，卡耐基巧遇布尔门。针对恶性竞争的害处，卡耐基建议携手合作。布尔门极关切地问道："如果你我合作，那新公司的名称叫什么好呢？"卡耐基马上答道："当然叫'布尔门卧车公司'啦！"卡耐基的回答使布尔门的双眼顿时发光，双方很快达成了合作协议，不久都取得了巨大的利益。卡耐基巧妙地以对方的名字作为公司名，一下子获得了对方的好感、拉近了距离。

我们都有这样的经历，即便在喧嚣的大街上，如果有人喊我们的名字，即使声音很小，也能让我们竖起耳朵。因为名字对自己来说很特别，它比其他的话都更容易通过我们的感觉过滤网。同样，商务交往中在知道对方名字之后，一定就要以此为称呼，使对方对你做出无意识的、积极的反应，对你更加关注、更有好感。

在商务场合这种泛泛之交的情况下，久别之后再次见面时，如果你还能准确地称呼出对方，给对方的感觉就是，你很在意他，你是有心人，是办事严谨认真的人。这是商务礼仪中一种有效交往的技巧。

我们每天都要和很多人打交道，要记住对方名字确实不容易，这就要提前做足功课。如果对方给了名片或加过微信，再次见面时除可以提前温习、熟悉之外，还可以将对方的名字和此次见面所谈事项结合起来，或者以谐音或自己熟悉者的名字、名人名字联想来帮忙记忆。

不小心忘记对方的名字，确实很糟糕，但谁也难免。我是这样做的，并且试了很多次效果不错，这是没有办法的办法：从容地、像老朋友般亲切地微笑，伸过手说："你好，靳斓，咱们又见面了。"这时对方不由自主地和我一样做："你好，××。"

已经知道对方的职务，如科长，并且姓陈，称呼"科长"和称呼"陈科长"，其效果是不能同日而语的。在你面前的"科长"可能不止一位，但"陈科长"却只此一位。

用职务称呼时，如对方是副职，如副部长，那么在有他人在场尤其部长在场时，应严谨地称呼其副职"杨副部长"。如称呼"杨部长"，对在场的正部长而言，就显得失敬。其他场合，则可以把"副"字去掉来称呼。

用对方的职业相称，也可以对方的身份相称。职务、职称，最常见，如仅称职务"经理""主任"等。职务前加上姓氏"朱总经理""李局长"；职务前加上姓名，适用极正式场合"邹富源董事长"；有高级职称者，可直接以高级职称相称，如教授。

不宜为套近乎而在他人面前称自己领导为"老王""老赵"等。

在对方身份不明的情况下，以性别相称"×先生""×女士""×

小姐”，如果对方是从事文化教育、艺术工作的知识分子，称呼“老师”比较妥当。对年长者称呼要恭敬，不直呼其名；如果是有身份的年长者，可以把“老”字和其姓倒置，这是一种尊称，如“张老”“王老”。称呼时借助声调、笑容和谦恭的体态表示尊敬。对同辈人，可以称呼其姓名，有时甚至可以去姓称名。

不管哪种称呼，也不管对方身份比你高还是低，称呼的同时必须用眼神关注对方并保持微笑。即使把对方身份称呼得再高，如果称呼他的同时看着其他地方，只能让人家认为你是在敷衍而已，如此目中无人没有任何真诚和敬意可言。

众所周知，汉字里“您”和“你”两个字、两种称呼，各自体现出对他人的尊敬程度不同。“您”比较客气有礼貌，“你”则相对较随意。对长者、身份高者，初次见面或者相交未深，用“您”而不宜用“你”，以示谦虚、敬重。而对于很熟识的人，即使身份比你稍高一点点（身份差距大时不宜如此），也可以称呼“你”，因为“你”这时候则显得更亲切、随意些。如果老朋友之间还整天“您”来“您”去的，无形中就多少显得有点生分。

需要注意的是，商务场合不要称呼他人的绰号，即使你俩的私人关系很好；也不宜在商务场合使用地域性或过时的称呼，如“师傅”等。不管什么时候，以生理特征相称呼，给人的感觉只能是粗俗、无礼，比如对方体胖，称呼“胖子”，肯定会让对方心生不满。

现在很多人都习惯将称呼简化，同时也导致产生一些不规范的、容易引起歧义的简称。比如把吴工程师，简称为“吴工（蜈蚣）”，把向工程师称为“向工（相公）”，把范局长称为“范局（饭局）”，等等（如图 4–1 所示）。

## 寒暄：必要但应适可而止

朋友去某位有声望的老先生家里做客，发生了让他尴尬万分的事。给他开门的是年轻漂亮、穿着时尚的女士。他礼貌地说，我和您父亲约好了……这位女士红着脸将他引领进屋。老先生和一个六七岁的可爱男孩一起来迎接他，他一边和老先生握手，一边夸道：“您孙子真可爱。”老先生面露不悦地说：“哦，我忘了介绍。这位是我太太，他是我小儿子……”

可见，只有正确、得体的寒暄才能达到良好的沟通效果，否则只能让人感觉没话找话，让双方尴尬。

商务交往中，如果说一个人“太严肃了”，除他不苟言笑之外，往往就是说话时没有寒暄的过渡、暖场的过程。开口就是正事，情感上让人不习惯。寒暄的“暄”，是“日”字旁而非“口”字旁，就是要求在说话前先要暖场。就像机器运行前需要预热的过程，只是时间长短而已。而寒暄不应仅为暖场，最好还能为下面的交谈起到铺垫作用。

图 4-1 称呼不能乱简化

1984年9月，中国和英国关于香港问题的第22轮会谈在北京钓鱼台国宾馆开始了。中方代表周南和英方代表伊文思相遇并寒暄起来。周南说："现在已经是秋天了，我记得大使先生是春天来的，那么就经历了三个季节了：春天、夏天、秋天——秋天是收获的季节啊！"周南巧妙地用节令特征，将中方的态度、决心都表达了出来，为接下来的正式会谈做了铺垫。

寒暄天气。"暄"字的本意，就是指"太阳的温暖"，寒暄最简单的话题就是节令，包括天气。这些对我们日常生活的影响太大，同时又是所有人都有感知的。天气很好，不妨同声赞美；天气太热，也不妨交换一下彼此的苦恼；如果有什么台风、暴雨或是季节性流行病的消息，更值得拿出来谈谈，因为那是人人都关心的话题。

对方引以为傲的事或个人兴趣。比如桌上有盆景时，夸夸盆景的艺术构思和养护情况；墙上有书法作品，又是对方自己写的，当然可以作为寒暄内容，而如是名家手迹，更可以夸上几句（即使是市场价值不高或认出是仿品也不可以自作聪明）；桌上有孩子照片，夸夸孩子的可爱；但如是异性照片，则不宜随便作为寒暄内容——不好确认他们的关系。而个人兴趣方面，如某种活动或运动、美食、品茶或酒、娱乐等，都可以作为寒暄的话题。

项目经理李经理来拜访孙总。进入办公室就看到墙上挂着几幅名人书画，立即夸道："孙总，您办公室里艺术氛围真不错啊，都是真迹。”孙总一听，笑着说：“李经理很懂啊！我也就是随便买几幅欣赏欣赏。”李经理随后又说：“不过孙总，书画最好收藏市场关注度高的大家作品。像您这幅溥杰的字，市场价不好啊，中千左右的价位。而这幅孙天牧的北派山水画，价位也不过万……”随着李经理不由自主地批判式评论，孙总脸色变得不好看。

对方经历。如果知道对方正面的经历，比如出身行伍。军营是会给人留下太多难忘经历的地方，对方有这样的经历，完全可以提出来聊几句。

还有像对方的家乡、毕业的名校、工作过的城市。如提前知道的话，都可以聊几句。所在家乡、工作过的城市，都寄托了一定情感，容易引起某种美好情思（如图 4–2 所示）。

社会话题。轰动一时的社会新闻也是闲谈的资料，但不宜讨论桃色、八卦新闻。

寒暄令人振奋的消息。与对方相关的令人振奋的消息是特别受欢迎的话题，这些话题往往能立即提高兴奋度。

对方行业的探讨或对方单位的重大事件。关于所在行业的探讨，要求你真的有所了解，如果能适时地给出一些你所知道的信息，很快就能拉近双方距离。不是真正了解这个行业，只是表面的讨论，会被认为你在不懂装懂、没话找话。这时候，可以请教的语气讨论。其中还包括对方单位最近正面的重大事件，寒暄中提几句，说明我

图 4-2　经历是不错的沟通话题

们很关注对方单位，很重视、珍惜这次的会面。怎样获得这样的信息呢？可以提前关注对方单位的微信公众号、本单位的新闻或行业地位，等等。

特殊但有效的寒暄内容。什么呢？就上次会面时的情况，比如上次是什么时间（不宜说得太过具体，除非当时是什么大日子，否则就显得过于有心机）、什么地点见的面，当时有什么让你难忘的事或对方说过什么话让你难忘，都可以提几句。如没有见过面，但其他同事见过面，或者在新闻报道中看到过，都可以提出来，当然应是正面且相对客观的事情。通过我的学员反馈来看，这个办法易操作，效果也好。这并不是弄虚作假，而是做事认真有条理且在意对方的体现。

注意事项。注意寒暄时的态度配合。比如当你在说“听说这几天您特别忙，我还来打扰，真是不好意思”时，脸上却面无表情甚至同时在做其他事，让人感觉你的寒暄是一种机械式的敷衍，没有任何诚意及友善可言。

像“去哪儿了”“忙什么呢”等，这些一般都是社交场合熟人之间的寒暄内容，不宜用在商务场合。而“吃了吗”这样的寒暄内容，可与远道而来且在饭点左右的时间会面时使用。

我们中国人热情好客，即使在商务交往中也饱含热情和坦诚，嘘寒问暖，什么都是寒暄的话题，没有可保留的。但要注意的是，像个人收入、婚姻关系，现在越来越多的人都认为是纯粹的隐私问题，即使是熟人之间也不太愿意全部晒开。如果不是对方主动提起来，这两方面没必要主动拿出来说。

有些人喜欢把邀请做客这样的话，作为寒暄内容，经常使人不知到底是寒暄还是真的邀请。我们不提倡这样的寒暄，但确实常遇到。怎么区分呢？当对方向你发出邀请，你兴致勃勃的确认，对方却跟你哼哼哈哈，这就是寒暄而已，没必要当真。而如真是邀请，对方必然会说出明确的时间，且最后还应再次邀请。同理，如你真诚邀请对方，也应如此。

寒暄就是暖场，点到即止，然后引出正题。

## 介绍：不仅表达尊与次

商务场合，介绍是初次会面时沟通的出发点。不同的场景有不同的介绍规则，但总的规则就是让更受尊重者享有优先知情权。

商务场合，以个人身份职务为出发点，即把职务低的介绍给职务高的。接待客人到主人办公室，应把客人介绍给主人，这是为了方便主人知道对方是谁，以方便接待。在其他主方场合下，应把主人介绍给客人，以示对客人的尊重。

社交场合，把年轻的介绍给年长的、把辈分低的介绍给辈分高的、把未婚的介绍给已婚的、把男士介绍给女士、把身份低的介绍给身份高的、把本国人介绍给外国人。

## 介绍他人

给他人介绍前，应先了解双方姓名、身份。介绍中注意突出双方的身份、职务，特别是有值得骄傲的头衔或身份时，应该重点突出，这也是被介绍双方都希望的。人数众多的场合，如果大家年龄相仿、身份类似，则按一定次序，如从左到右、从右到左或者从近到远的顺序逐一介绍。

为他人作介绍，不要用食指来指指点点，应伸出右手至齐胸高度，拇指微曲，其他四指伸直并拢。比如把张三介绍给李四认识时，上半身及面部转向李四，把右手伸向张三："李四，这位是张三。"然后把上半身及面部转向张三，同时把右手伸向李四："张三，这位是李四。"不要一会儿伸左手、一会儿伸右手，左右开弓，显得忙乱、难看。

给他人作介绍的时候，被介绍的双方才是主角。介绍中不要开玩笑，不要介绍后和其中一方不停聊天。记住：介绍完毕你的使命就结束了，剩下的时间交给他们。

## 被人介绍

自己被介绍给他人时，应面向对方，显示出想认识对方的诚意。等介绍完毕，可以握手致意并说"您好""很高兴认识您""久仰大名""幸会幸会"等客气话，必要时还可以进一步做自我介绍。

社交场合，男士被介绍给女士时，男士就应向女士点头致意，然后等候女士的反应再握手回应。女士不伸手时，男士不宜主动伸手（如图 4–3 所示）。

被介绍的过程中，面带微笑，举止大方，热情应答、问候。原本是坐着的，当被介绍时应该站起来，且左手不可以插衣兜。

**自我介绍**

某些特定场合，比如酒会上想认识某人，但又没有人介绍，这时可以做自我介绍。介绍时必须站立，主动向对方打招呼并点头致意："您好！"以引起对方注意，然后说出自己的姓名、身份。也可以一边伸手和对方握手，一边做自我介绍。

自我介绍的具体形式有以下几种：

应酬式：适用于某些公共场合和一般社交场合，这种自我介绍最简洁，往往只包括姓名一项："您好，我是靳斓。"

工作式：适用于商务场合，它包括本人姓名、供职单位及其部门、职务或从事的具体工作等："您好，我叫靳斓，我是 ××× 礼仪培训师。"

交流式：适用于社交活动中，希望和交往对象进一步沟通。内容应包括介绍者的姓名、工作、籍贯、学历、兴趣及与交往对象某些熟人的关系："你好，我叫靳斓，我是礼仪培训师，是周南的同事。我工作之余喜欢看书、旅游。"

礼仪式：适用于讲座、报告、演出、庆典、仪式等正式而隆重的场合。包括姓名、单位、职务等，同时还应加入一些适当的谦辞、敬辞："各位来宾，大家好！我叫靳斓，是 ××× 礼仪培训师。欢

图 4-3　社交场合男士不宜先伸手

迎大家光临我们的座谈会，希望……”

当自己的名字中有比较复杂或容易引起歧义的字时，可以把字具体地说一下，特别是要用正面人物或大家都知道的正面事物说明，这样更能加深对方印象。我的姓名两个字都不常见，因此遇到年长者我会这样介绍：“靳，是靳开来的靳。”对于中青年或时尚人士我会说：“靳，靳东的靳。”如果对方还显示出迷茫，我会继续说：“左边一个改革的革，右边一个四两拨千斤的斤。斓，是五彩斑斓的斓。”如果我说“左边一个改革的革，右边一个半斤八两的斤……”就显得欠妥了。某次我见一位陈姓先生自我介绍说：“我叫陈 ×，陈世美的陈。”结果把大家笑翻了。

**介绍多人**

当被介绍的双方其中一方是一人，另一方是多人时，把个人介绍给集体就行了，不必再把集体中的每个人逐一介绍给个人。

当被介绍的双方都是多人时，由主方负责人首先出面，依照主方在场者具体职务的高低，自高而低地依次对其做介绍。接下来，再由客方负责人出面依次介绍。代表团来访时就会出现这种情况。

## 握手礼：体现修养风度

来自新闻网 2017 年 11 月 13 日的消息。

美国总统特朗普刚刚先后访问日本、韩国，在与日本首相、韩国总统握手时主动性程度的不同上，被外界解读为美国政府对待这两国亲疏有别的关系。甚至其中一国的媒体还以“我们赢了”报道此事。我们在商务交往中，如不想给他人留下对我们不利的想象空间，就必须注意包括握手这样的细节。

握手是世界最通行的致意礼，同样也是在商务场合基本的见面礼节。

**怎样握手**

握手时，双方相距约一步远，上身稍向前倾，两脚立正，伸出右手，四指并拢，与对方的虎口相交，拇指自然接触对方手指，向受礼者握手。这是平等而自然的握手状态。

掌心向下握住对方的手，被认为是傲慢无礼的握手方式，显示着强烈的支配欲，表示处于高人一等的地位。如果不是表达谦恭备至或者特别热情的场合，一般不要主动伸出双手相握。

握手时双方互相注视、微笑、问候，不要看第三者或显得心不在焉。

除关系亲近的人可以长久地把手握在一起外，一般握两三下、三五秒钟足矣。不要太用力，但漫不经心地用手指尖“蜻蜓点水”式去点一下也显得无礼。两手一碰就分开，时间过短，好像在走过场，又像是对对方怀有戒意。而时间过久，特别是拉住女士或初次见面者的手长久不放，显得有些虚情假意，甚至会被怀疑“想占便宜”。

如果要表示自己的真诚和热情，也可较长时间握手，并上下摇晃几下。

握手时注视对方的眼睛，以示诚意。同时不妨说一些问候的话，语气应直接且肯定，并在加强重要字眼时，紧握着对方的手，来强化对你的印象。

冬天握手时经常出现尴尬的情况，就是手很凉。怎么办呢？我建议（我也是这样做的）在重要会面之前做点小功课，也就是准备暖宝之类的东西热热手。外面寒风呼啸，而在室内却握到一双温暖的手，必然会给对方留下深刻印象。

**握手顺序**

长辈和晚辈之间握手，长辈先伸手；上下级之间，上级伸手后，下级才能接握；同等级别的男女之间，女士伸手后，男士才能伸手相握。当然，如果男士为长者，遵照前面说的方法。

和多人握手，顺序是由尊而次，即先年长者后年幼者，先长辈再晚辈，先女士后男士，先已婚者后未婚者，先上级后下级。

人数较多时，可以同每一个人都握手，也可以只跟相近的几个人握手，向其他人点头示意。

接待中，当客人抵达时，应由主人首先伸手和客人握，以示欢迎；客人告辞时，应由客人首先伸手和主人握，而如果由主人先伸手，则有赶客人走的嫌疑。

自己是尊者或长者、上级，而位低者、年轻者或下级抢先伸手时，出于个人修养的考虑，应该配合地伸手相握。

**握手禁忌**

以左手和他人相握。在有些宗教信仰者看来，左手是不干净的。两人握手时与另外两人相握的手形成交叉状，基督教信徒认为这种类似十字架的形状很不吉利。欧美国家大部分人都是基督教徒，在我的《优雅何来：最受欢迎的商务礼仪与交往艺术》的“致意”内容中提到的例子就是这个原因，那个例子中的美方主人公其实是前总统小布什夫妇，他们是虔诚的基督教徒，当然不能犯这种禁忌。

跨门槛握手，即一只脚在门里，一只脚在门外。

拒绝握手。即使有手疾或汗湿、弄脏了，也要和对方解释：“对不起，我的手现在不方便。”以免造成不必要的误会。

还有戴着手套、墨镜，左手插在衣袋里握手；握手时面无表情、不置一词或长篇大论、点头哈腰，过分客套；仅握住对方的手指尖……这些都是失礼的（如图 4–4 所示）。

2023 年 4 月，国内某电影节上，很受关注的一位男演员与第五代某知名导演在现场互动的视频在网上广为转发。视频中该导演见到这位男演员后，笑着迎上前，伸手相握，但另一只手却插在裤兜里。绝大多数的评论都认为该导演的举止实在是有点摆架子……

图 4-4　戴墨镜握手不礼貌

# 名片：不仅是通信方式

名片现在用得相对比较少了。名片在方寸之间体现的不只是个人姓名、联系方式，还有个人身份和修养。

## 内容要求

商务场合用的名片，应是内容简练、版面简洁、文体方便辨认。名片上除文字及微信二维码之外，不宜添加任何没有实际作用的、单位标志之外的图案。

即使身兼多职，在一张名片中体现 2~3 个就足够了。如果有必要，可以根据交往对象、场合的不同，印制不同身份的名片。如不是针对港澳台或海外华人，不应使用繁体字。名片的一面内容，字体最多不超过 3 种。主要和少数民族工作或涉外打交道者，可以酌情使用少数民族文字或外语。汉字和少数民族文字或外语同时印刷时，把汉字和其他文字分别印在两面。

## 名片用途

自我介绍。商务场合初次见面时，可以用名片做辅助性自我介绍。

业务介绍。名片上有所属单位、地址等内容，所以利用名片也可以为本人及所在单位进行业务宣传，扩大交际面，争取潜在的合作伙伴。

拜会他人。初次拜访的时候，可以把自己的名片交给接待者，由其转交给被拜访者，以便对方确认决定见或不见。这种做法比较正规，可以避免冒昧造访。

通知变更。利用名片，可以及时向老朋友通报本人的最新情况。比如晋升职务、变换单位、电话改号等。

作为礼单。赠送礼品时，可以把名片放入其中；或将装有名片的不封口信封固定在礼品外包装上方，表示“这是何人所送礼品”的标准做法。

替人介绍。介绍某人去见另外一人，可以用回形针把自己名片与被介绍人名片（自己的名片放在上面）固定在一起，然后装入信封，再交给被介绍人。这是一封非常正规的介绍信。

简短留言或短信。在名片的左下角，以铅笔写下几行字或短语，寄交或转交他人。如果内容较多，也可写在名片背面。国际上流行以法文缩略语写在名片左下角，以示慰问、鼓励、感谢、祝贺，这是非常正式的方式。常见的英文缩写如下：

P.R. 表示“感谢”。

P.F. 表示“祝贺”。

P.P. 表示“介绍”。

P.P.C. 表示“辞行”。

P.F.N.A. 表示“贺年”。

**递交名片**

掌握适宜的递交名片时机。一般选择刚认识或分别的时候。不要在社交活动中途发送名片，比如用餐中、欣赏演出中等。

递名片前先向接受名片者打个招呼，让对方有所准备。既可以先做一下自我介绍，也可以说“可否交换一下名片”“这是我的名片”“这是我的名片，常联系 / 请多指教”之类的提示语。

交换名片，应由位低者向位高者发送名片，再由后者回复前者。但在多人之间递交名片时，一般以由近而远、按顺时针或逆时针方向依次发送。

名片不是广告传单，也不是扑克牌，所以不要见人就散名片，也不要一手拿名片夹，一手递名片（如图 4–5 所示）。

**接受名片**

他人递过来的名片，不论有多忙，都要暂停手里的事情，并起身站立相迎，双手接过名片。至少也要用右手，而不得使用左手或者用手指夹。

接过名片后，先向对方致谢，然后以欣赏的姿态把名片默读一遍，遇有显示对方荣耀的职务、头衔应该轻读出声，以示尊重和敬佩。遇有不认识的字当场请教，避免读错出糗。

接受名片后应回赠自己的名片。名片用完或者没带，应向对方做出解释并致歉。如必要可以在一张干净的纸上写上相关信息给对方，或者请对方加自己的微信。

双方同时递出名片时，最适当的方式，就是先放下自己的名片，接过对方的名片后，再拿起自己的名片递上。

图 4-5　名片不是扑克牌

## 索取名片

如果想主动结识对方，或者想索取对方名片时，可以用以下方式表达：

互换名片。主动递上名片后，对方一般会回赠。担心对方不回赠时，可以在递名片的同时说："能不能和您交换一下名片？"

语言暗示。也就是用含蓄的语言进行暗示。向尊长要名片的时候可以说："请问今后我怎样向您请教？"向平辈或晚辈要名片的时候可以说："请问今后怎么和你联络？"

有索就有拒。他人向你索取，直接拒绝肯定不礼貌。不想给名片应委婉表达，比如："实在抱歉，我的名片用完了。"不过手里正拿着名片时还这样说，就很失礼了。

## 名片存放

名片放在名片夹里，也可以放在上衣内侧口袋、公文包以及办公桌抽屉里，忌放在裤袋、提包、钱夹里。

接过他人名片并看过之后，以小心的姿态放进名片包或名片夹，也可以看了之后先放在桌子上。随手乱丢、拿在手里把玩或在上面压其他物品，都是失礼的表现。

为便于以后能详细了解现在的情况，可以在名片上写下供自己参考的资料，比如收到名片的时间、地点、交际结果；其他名片上没有的信息，比如对方是哪里人；自上次见面后，对方单位、部门、岗位的变更；等等。这些最好在事后记录，而不是当面。

# 注意加微信这些细节

现在的商务往来中，“加个微信”已经超过交换名片了。微信作为更加私人的社交工具、通信工具，商务往来中添加微信应注意哪些细节呢？

**怎样加微信**

现在一见面“加个微信”俨然成了口头禅。想加对方微信，怎么说呢？

和主动索取名片一样的思路。见面寒暄之后可以说“以后怎么联系您呢”“以后怎么请教您”，如对方没有主动让加微信的意思，则可以接着说“方便加一个微信吗”。

微信是相对私人的沟通工具，所以很多人并不太希望见人就“扫一扫”，特别是不认识的异性商务伙伴之间或身份有差距时，或认为你将来可能有求于他时。如果我们主动提议过一次，对方如找其他借口不给，那么在这次会面之中就不应再提此事了。

如果是碍于情面不得不加，但加上之后马上删掉显然失礼，何况三十年河东三十年河西，商务往来中双方的身份可能随着时间的推移会发生变化。我们可以在微信的“朋友权限”里，选择“仅聊天”，还有“不让他看我”“不看他”这两个选项，根据需要做相应选择，尽可能减少打扰。

一般是下级（身份低者）扫上级（身份高者）的微信二维码，

为的是让对方少一些操作。如果对方找不到二维码，这时可以请上级（身份高者）扫我们的二维码，或向对方要微信号，主动添加对方好友并现场请求通过。

**微信备注**

很多人都有这样的经历，加上微信几个月后不知道对方是谁、怎么回事。为什么会这样？主要是加上后，没有及时在微信的“设置备注和标签”里做好相应处理。“好记性不如烂笔头”，做好相关备注就是方便将来还能知道对方是谁。

“备注”不能加太多文字，可改成对方姓名职务和单位简称，“电话”里填上对方手机号、办公室电话。在“描述”里，可以加上相见的时间、地点，何事见面及所知道的其他情况。而“标签”则可以对所加的微信进行分类管理。做好管理后，下次会面之前看看微信“设置备注和标签”里面的信息，告诉对方，自从上次在哪里的一别，已经多久了……对于你的如此用心，对方当然会更高兴，认为你很在意他，你是认真而严谨的人，从而更愿意与你交往、合作。

**后续跟进**

见面加了比自己的身份高者或好不容易争取来的重要人士微信，接下来怎么办呢？如不尽快趁热适当说几句话，时间一久，可能对你就没有什么印象了。最好是加了微信、双方道别之后的当天。

怎么开口呢？先称呼对方，应是姓名加职务，即使想套近乎，也不要上来就“哥”“姐”地称呼，毕竟这是因公交往。把自己的信息以文字的形式发给对方，如姓名、单位、职务及电话，或制作成名片的格式也不错。再说客套话，点到为止，不要没完没了，如“郑处长，很荣幸今天能见到您，今天一席谈，受益良多。以后还得多多支持”，这时可以再发上握手的表情。加上微信之初包括以后的沟通中，微信表情都不要滥用，避免给人留下不稳重的印象。

如果工作方面事宜还需继续联络沟通，那么在加微信之后，就可以及时进行了。微信沟通礼仪，会在后面章节中专门介绍。

## 举止：礼仪细节讲究多

曾任美国总统的老布什，能够坐上总统的宝座，成为美国“第一公民”，与他的仪态表现分不开。1988 年的总统选举中，布什在选民中的形象不佳，民意测验一度落后于对手 10 个百分点。不料两个月后，布什以光彩照人的形象扭转了劣势，反而领先对手 10 多个百分点。原来，布什的演讲不太好，手势及手臂动作总显得死板，身体动作也不美。后来，布什接受了专家的指导，经过刻苦训练，纠正了不良的习惯，从而改变了人们对他的评价。

仪态就是一个人心灵的外衣，这句话一点儿都没错。

很多人认为，自己是“久经沙场”的商务老手；或者作为高管，站、行、坐、走不值得他们关注。然而，无论是我的亲眼所见，还是在电视上看到或者媒体的评论，很多商务人士的仪态素养确实不敢恭维。一些人的仪态不自觉地透露出某些让人难以忍受的失礼甚至粗俗。即便是最昂贵、最合体的服装，在他们身上穿着也顿然质感全无。有一次在机场，我听到两个人悄悄议论从他们身边经过的一位男士："切！你看他走路的样子，简直糟蹋了他那一身的名牌衣服……"

**手势礼仪**

指引过程中，站在被指引物品或道路旁边，自己面对指引对象，右手手臂自然伸出，五指并拢，掌心向上，手背和地面约成45° 角，指尖方向指向所要指引的方向。以肘部为轴，朝一定方向伸出手臂。指示道路方向时，手的高度大约齐腰；指示物品时，手的高度根据物品来定，手臂、手掌和物品呈直线就可以了。无论指人还是指物，都不宜只用食指。

为他人做介绍，站在两位被介绍者中间，自己右手五指并拢、手心向上，手背与地面成斜切约 45° 角，齐胸高度。当把 A 介绍给 B 时，右手指向 A，但面朝 B；而当把 B 介绍给 A 时，右手指向 B，但面朝 A。介绍的时候切忌左右手都用。

无论是递物还是接物，都应该用双手，至少用右手。递带有文字的物品时，正面朝向对方，以方便阅读；递带尖、带刃等物品，则应把尖、刃部分朝向自己，同时语言提醒对方。

还有一些手势会让人反感，如手插口袋，用一根手指指自己鼻尖或指向他人，对着他人竖中指等。

**眼神掌控**

对商务人士来说，把眼神集中在对方面部区域就行了。而初次交往，最好把注视区集中在以两眼为底线、额中为顶角形成的三角区。

对方头顶、脖子以下区域都是注视禁区，特别是异性之间。

一般和对方目光接触的时间占相处总时间的 1/3 比较适宜，每次看对方眼睛 3 秒左右会让人感觉比较自然。

初次见面，在向对方问候、致意、道别等时都面带微笑，同时用柔和的目光注视对方，以示尊敬和礼貌。

交谈时，听的一方多注视说的一方，经常保持双方目光的接触。长时间回避对方目光、左顾右盼、直勾勾地盯着、上下打量、长久注视异性等，都是非常失礼的表现。

同时和多人沟通时，应用环视加点视的方法表示对他们的真诚、重视和一视同仁。

当双方都沉默不语，应该把目光移开；当他人说错话或拘谨的时候，避免正视对方。

**得体站姿**

良好气质的站姿应该是挺胸、抬头、收紧腹部、两肩平齐，双手相握、右手放在左手上、叠放于小腹前，或双手自然下垂。两脚跟并拢或两脚呈“V”状分开，双脚分开时宽度不超过肩宽。

不得体的站姿有：垂头耸肩、含胸驼背、双腿大叉、趴伏倚靠、抖腿，以及手插进口袋、双手平端或抱在胸前而站……

**坐姿礼仪**

我们经常看到有些不好的坐法：两腿叉开，腿在地上抖，脚跷得太高。

坐的时候膝部可以分开，其宽度不要超过肩宽；两腿不能叉开过大；身体不能半躺在椅子或沙发里面。而女士坐时应尽可能双膝并拢。

一般坐椅面的 2/3 左右。为表示重视，交谈时不仅面向对方，而且整个上身同时朝向对方。

坐姿状态中，禁忌有：双腿直伸出去，抖腿、以鞋底示人或脚尖抬起指向他人，把手夹在腿间；双腿分得太开，两膝之间宽度超过肩宽。

**走姿礼仪**

不好的走姿使人看起来无精打采，没有自信心，更谈不上气质与风度。

行走时，头抬起，目光平视前方，双臂自然下垂，手掌心向内，以身体为中心前后自然摆动。上身挺拔，腿伸直。

摆臂幅度前后自然，手掌朝向身体；起步时身体稍向前倾，重心落前脚掌，膝盖伸直；脚尖向正前方伸出。

走姿应避免：不抬脚、蹭着地走，耷拉眼皮或低着头，在狭窄的过道里慢慢地走影响他人通行，杜绝噪声的场合（会场、医院等）制造大声响地走……

**鞠躬致意**

商务场合用到鞠躬时，鞠躬度数不用太深，上身和地面的倾斜角度成 15° 或 30° 就可以了。当和日本人、韩国人、朝鲜人交往，他们用深鞠躬时，可以用和他们差不多的鞠躬度数还礼。鞠躬时，男士手放在身体两侧裤线处，而女士双手叠放在小腹前。

## 不同迎送地点有讲究

对于因公来访，迎送是基本的待客之道，也是展示单位形象的契机。在哪儿迎接，送的时候应注意什么，也都各有讲究。

**办公室迎送礼仪**

一般的日常来访，可以在办公室门口迎接访客。客人到达后，立即快步迎上前，保持微笑，主动伸手相握同时问候，然后邀请到合适的地方请客人入座。不可以在座位上坐着不动和客人打招呼。临时有事而不能出面接待的，应告知对方并表达歉意，同时安排相关同事迎候、接待。事后应立即出面接待，并再次表达歉意。

客人离开时，等客人起身后自己再起身。走在客人后方，若客人不识路，则走在客人左前方为其引路。可以将客人送到办公室门外或电梯口。挥手道别并目送客人，直到其离开视线后再返回。

**电梯门口迎送礼仪**

对于相对重要的客人，提前一两分钟到电梯口等候。电梯门开启后，迎上一步，一手挡住电梯门，另一手做邀请动作，请来宾出电梯。然后主动和主宾伸手相握并问候。对其他随行人员可以逐一握手。对方人多时，也可以对其他随行人员点头环视微笑致意，以示一视同仁。

送客人到电梯门口时，电梯门开启后，伸手替客人挡住电梯门等客人进入电梯，同时挥手道别。客人离开自己视线后再转身离开。

**楼下或大门口迎送礼仪**

上级领导或重要合作方来访，应到公司楼下或大门口迎候。获知到达的时间后，提前到大厅或单位大门口等候。即使对方因堵车迟到，中途也应避免长时间离开。车辆到达并看到车中的来宾时，向来宾挥手致意。可以为主宾打开车门，请其下车，随后主动伸手相握并称呼问候。

对于特别重要的来宾，应该主动为来宾开车门。车辆停稳后，快步走向主宾车门位置，左手打开车门，右手挡在车门上框位置。

客人离开时，将其送到楼下或大门口。客人车辆启动时，挥手道别并注视着车辆。当看不到车辆之后再转身回单位。

多人迎送时，以离主宾的远近，由职位高到低略加排序，不应像散兵游勇般乱站或客人还未离开就交头接耳甚至往回走。

**酒店迎送礼仪**

到酒店接客人，出发去酒店前沟通好时间，以便客人做好准备。比约定时间提前 5 分钟到达，并在酒店大堂或下车等候。如果是不认识的客人，要告知对方你具体在什么位置，在车边或车内等候时还应告知车型车牌号等信息。约定时间还未见客人，可以电话联络，但不宜鸣笛催促。

送客人到酒店，引领客人到酒店门口，请客人休息、具体什么时候再会面等几句话后就可以主动告辞。帮提拿行李时，送到酒店房间后尽快告辞，不应再坐下聊天，以免打扰客人休息。

**会场外迎送礼仪**

与会议组织人员或和客人提前联系并确认好具体时间、地点，以便提前到达。可以在会场外或在车内等候，同时保持得体形象。待将要散会时提前通知驾驶员把车开至合适位置，驾驶员应在冬夏季节将车内温度提前调适，并以得体的站姿在车辆右侧恭迎客人。

送客人到会场，应在客人步入会场后再撤身转体离开。

**高速路口迎接礼仪**

提前联络明确对方到达的大概时间及双方会面的高速口规范的名称。到达约定位置将车辆停在符合交规并方便停车且不影响其他车辆的位置。电话告知客人你所在的位置及参照物，待客人将要到达，我方车辆开双闪以方便辨认。

当我方车辆只是来带路，客人仍在他们车上。相会后开车窗确认并简单问候，告知还需要多久到达目的地，再启动车辆在前面带路，始终保持和客人车辆一样的车速。

客人需要下车乘坐我方车辆的，接待人员提前站在车右侧恭迎客人，见面后主动自我介绍，帮助客人开关车门，客人进我方车辆后自己再上车。

**车站机场迎送礼仪**

确认好车次、航班及到达时间，并提前告知对方谁接及联系电话，并提前 10 分钟到达。出发前，确保自己的手机电量足够。最好还能再准备一个充电宝及电源线，以方便客人使用。遇上阴雨天气应备上雨具。

炎热或寒冷的天气，注意提前调好车内的温度、准备好饮品。天热时，最好能准备饮用水、湿纸巾或面巾纸供客人使用。

到达之后，到了车次或航班到达时间，再给对方发短信或微信告知已在什么位置等候；互不认识，又没有接站牌时，可以再告知衣服的颜色等易辨认的特征。

见面后主动握手问候“××，一路辛苦了”“××，欢迎您到 ×× 来”，此时不必交换名片。双方不认识的，先自我介绍，说单位名称、自己是谁，再问候。可以帮忙提拿客人的大件行李，主动为客人开关车门。

上车时，打开车门请客人先上，并用手示意。有专门的司机开车时，请客人坐在后排座的右侧，自己坐左侧。客人入座后，关好车门再从车尾绕到另一侧车门入座。有比自己职位高的领导一起接站时，则由领导陪同客人，请领导坐在客人左侧，自己坐副驾驶座。当然，如为让宾客顺路看清本地的名胜风景，也可以说明原因后，请客人坐在左侧。

自己亲自开车，而没有比自己身份高的领导随行，这时的上座是副驾驶座。对于吉普车，不论谁开车，副驾驶座都是上座。

不过，“客为大”。如果客人喜欢坐某个位置且不愿意换，此时就应尊重客人意愿，尊重客人、让客人感到舒服就是讲究礼仪的最高层次，毕竟礼仪不仅是表达尊重的一种形式，也是让客人享受尊重的一个过程。

接客人去酒店途中，主动询问客人在此逗留期间有没有私人活动需要代为安排。同时把商务日程、活动安排介绍给客人。如日程安排较复杂，最好能提供人手一份的书面行程表给客人，行程表上应有主方联系人姓名、电话。如果还有时间，而客人又有兴致，可以介绍一下沿途的景致。感觉客人有倦意时，在简要介绍日程安排之后就不应再打扰。

下车时，自己先下，为客人或领导打开车门，请他们下车。

送行时，提前算好所需的路程时间及出发时间，避免因堵车误事。到达机场或车站，将车停在方便客人下车的地方。下车时再检查车上是否有客人遗留的物品。

特别要注意的是，当接待公职人员时要注意国家的相关规定，即不跨地区迎送，不张贴悬挂标语横幅，严格控制陪同人数，不得层层多人陪同。

需要提醒的是，商务接待中要清楚职责权限，如果自己 / 本单位做不到的事宜事项，不要把建议、承诺当成随口说的寒暄套话。

## 待客茶水礼仪

商务往来中，来客敬茶是基本待客之道。

**茶具准备**

茶具应是成套、干净、完美的。

重要的场合一般用瓷质盖杯，也可以用瓶装水。而日常性的接待，可以用一次性纸杯或瓶装水。

同一次接待中，瓶装水应使用同一个品牌、包装、容量。人数少的重要会议或有主席台的会议，给主席台提供茶水服务，用瓶装水时还可以给每人放一个空玻璃杯（最好同时给玻璃杯加纸质杯盖），以方便大家自行倒进杯中饮用。

**冲泡要求**

现场人少，且有多种茶水可供选择时，可以用封闭式提问方式，即具体列出有哪些茶水，请来宾选择。

取放茶叶时，不应下手抓。最好用茶匙 / 茶夹取茶，以便掌握茶叶量。也可以将适量茶叶先倒进茶叶筒的盖中，再从盖中倒进茶杯。

为达到最佳口感和色泽效果，注意不同茶叶对水温的要求不同。

绿茶尤其是新茶，一般以 80~90℃的水温为宜。合适的水温，茶汤才会嫩绿明亮，滋味鲜爽，茶叶维生素 C 也较少被破坏。

泡红茶、乌龙茶、白茶、黑茶，用 100℃的沸水冲泡。

常言道“茶满欺人”。倒茶时，一般倒水杯的差不多七分满就可以了，留下三分是主人对客人满满的情谊。

**怎么上茶**

现场条件允许的情况下，应从客人右侧上茶。上茶前先轻声说“打扰一下”。

接待重要的宾客时，可以先给每个座位放好茶杯，杯内放好茶叶或茶包。待客人到达坐定就应为其加水，然后每隔 15~30 分钟再次续水。左手持水壶，右手将水杯拿离桌面，壶嘴不碰杯口，且壶嘴离杯口 1~2 厘米的位置来操作。

有盖的杯子，用右手中指和无名指夹住杯盖上的提钮，轻轻抬起，大拇指和食指将杯子拿起，侧对客人，在客人右后侧方，用左手持水壶将水倒好，放在对方的右手上方 5~10 厘米处，有杯耳的把杯耳转至对方方便拿取的位置。上好茶后轻声说“请用茶”。

奉上倒好茶的茶杯时，如果用托盘，则把茶杯放在托盘内，左手托着托盘，从贵宾右侧奉茶，右手将茶杯放在贵宾就近的桌前，杯耳转至贵宾右手方便拿取的位置，然后轻声说“请用茶”，同时配合手势示意。

续水时，右手持水壶。续水前轻声说“打扰一下”，续好后说“请用茶”。

有主席台和观众席时，顺序是先主席台、后观众席。

己方领导或客人的人数少，应该先客人后主人；先一号领导、后二号领导；先领导后下属。

己方领导或客人的人数多时，敬茶或续水应以顺时针或逆时针方向依次进行。

用瓶装水待客时，要注意切不可提前替客人拧开瓶盖。当发现对方打不开时，再上前协助。

敬茶或续水结束离开时，注意举止的得体、优雅，首先后退一两步再转身离开。转身时尽量向人多一侧或离出口近的一侧转体，不要给贵宾留个背影。离开现场时，注意轻声，包括关门时。

## 商务接待陪同礼仪

上门来访，不管是远道而来还是同城来访，最怕受到冷遇。另外，不管是普通来访还是重要客人，来者都是客，做好接待陪同是主人基本的待客之道。

接待中的陪同既是对客人的礼遇，使其得到关爱，也使客人沟通更便利，同时方便客人了解相关情况。

**基本陪同礼仪**

主人先告诉客人，即将去往何处、大概多远，去见什么人，以让客人心里有数。对方是多人时，除了告诉主宾，同时保持微笑，目光扫视其他客人，以示都照顾到。

陪同时走在客人左侧，以示尊重。当作为主陪时，则应并排与客人同行，其他随行人员走在客人和主陪后边。而当负责引导时，应侧转体走在客人左前方一两步远的地方，同时和客人步速保持一致。

遇到路口或转弯、道路不平、路滑、上下楼梯等特殊位置时，用手示意、语言提醒。

乘坐电梯，有电梯司机时，请客人先进；没有电梯司机时，接待人员先进，到达时请客人先出。进门时，外开门则请客人先进；内开门则自己先进，扶好门后再请客人进。

乘车时，陪同人员先打开车门，请客人上车，并以手挡车门上框，提醒客人避免磕碰，待客人坐稳后，再关门开车。车停后陪同人员先下车打开车门，再请客人下车。同时接待两位贵宾时，主人或接待人员应先拉开后排右边的车门，让尊者先上，再迅速从车尾绕到车另一侧打开左边车门，请另一位客人从左边上车。只开一侧车门让一人先挪进去的做法是失礼的（如图 4–6 所示）。

图 4-6 避免从同一个车门入车

快到接待室或目的地办公室时，提前告知“这里就是 ××× （所要去的地方名称）”或“这里是 ××× 办公室”。是单独房间的，先敲门，得到允许后再进。外开门的，请来宾先进；内开门的，自己先进，拉住门，再请来宾进。最好是反手关门、反手开门，确保始终面向客人，以示礼貌。

在陪同过程中，注意适当和客人聊天，避免冷场，使客人尴尬。

在车上应随时留意，客人在休息或者表现出疲惫状态时不应再打扰。

**参观陪同礼仪**

根据对方来访目的、本单位的规定、时间计划，可以提出参观项目建议，也可以就对方提出的参观建议上报主管领导同意后予以安排。

安排参观，要考虑的因素有：起止时间、交通工具、陪同与讲解人员、参观项目的资料准备、休息地点、餐饮安排、其他安全措施（如安保或特殊行业、特定部门所需的防护服）、拍照录像人员等。

对于贵宾，一般由主管领导甚至单位负责人亲自陪同讲解。一般情况下，是由一直接待的人员陪同参观并讲解，或者由单位专门负责讲解的员工负责。我给很多单位展厅展馆接待人员培训过讲解员礼仪——他们就是专门负责接待中的参观讲解工作，既能讲解专业，又能接待到位。

参观前，应向客人介绍这次参观的大概情况，如项目情况、参观时间、特别注意事项、陪同人员、讲解人员等。

陪同参观过程中，行进速度应照顾到客人的速度。讲解时，面向客人并与客人保持适当距离，既方便自己看展品，又方便介绍。注意把客人引领到适合他们观看的角度，随时引导提示客人观看时的注意事项并做出说明，注意经常和客人做眼神交流。特殊地方，如有楼梯、台阶、地滑、地不平以及头顶上方有障碍等情况，应做到随时有语言关照，提示客人。

客人提出的问题应准确并简要回复，以免影响参观进度。

**游览陪同礼仪**

对远道、首次来本地的贵宾，制度及条件允许时，安排游览本地名胜也是人之常情。景点安排要少而精，重在著名和特色。游览行程安排，应提前做好规划，并将行程规划告知客人。

游览前先安排好交通工具、陪同人员、饮料、零食、纸巾、伞（夏天或阴天）等物品。陪同人员应包括对方熟悉的人，这样方便交流。

游览中，安排好门票购买、景点讲解、拍照留念、中途休息、饮食等事项，确保游览的舒适、尽兴、安全不出差错。其中，饮食安排尽可能安排本地的名吃、特色小吃。

如是主方提供摄像拍照器材，照片、视频整理后应及时传送给对方。另外，如经费允许，也可以人手一份旅游纪念品，价值不一定高，但要有纪念意义。

# 送别礼仪不可马虎

送客，是接待的最后环节。一个专业的接待应该善始善终，忌虎头蛇尾。认真做好最后的送客工作，为接待画上圆满的句号。

接待工作中，前面做得再好，但到了最后送客的环节若失了礼，让客人产生不好的印象，让费时费力的前期工作前功尽弃，那就太不值了。

有的人很“实际”，接待时很热情，是因为觉得如果合作成功会带来效益，对方是来送钱的呀；而一旦合作不成，就顿时失去了兴趣，别说寒暄送客了，哪怕送到自己办公室门口都觉得没必要。这种急功近利的人，即使业务能力再强，人脉都难拓展，也不会有好的口碑效应。俗话说“做人留一线，日后好相见”。即使这次因各种原因暂时没能合作，也可以保持友善关系，说不定对方在时机成熟时会再合作，或鉴于你们的专业水准而义务推荐给其他单位呢。况且三十年河东，三十年河西，即使今天不如你的，若干年后或许让你遥不可及。所以我们提倡与人交往，应敬畏并善待对方，种下善因才能收获善果。

**日常接待送别**

除非有十万火急的事必须马上亲自处理，否则不宜主动结束或者暗示结束接待。

客人起身告辞的时候，作为主人应婉言挽留。不要客人刚说要走，主人马上站起来相送，或者起身来挽留，这都有下逐客令的嫌疑。客人执意要走，也要等他们起身后自己再起身相送。

即使日常接待、普通客人，出于礼貌也应把客人送到门口，并站在门口日送一段时间，等客人身影即将消失时再返回。不要当客人走了两步想回头再次致意，发现连主人后脑勺都看不见了，这样很难让人相信主人刚才接待的诚意。把客人送到门口时，返回房间后关门一定要轻，那种在客人刚出门就听到身后“砰”的一声响，让人听起来难免心寒，感觉好不容易才盼走似的（如图 4-7 所示）。

对于重要客人，应送得稍远一点，可以送到电梯口或本楼大门口。送到电梯口时，替客人按下电梯，等客人进电梯、关上电梯门后再离开。送到大门口时，等客人身影行将消失再转身离开。

对于非常重要的客人，应该送到交通工具旁。开车来的，送到车边时，等轿车开出一截路后再转身离开。打出租车来的，可以帮助叫好出租车（当然，现在可以用手机 APP 软件叫车，省事、快捷），等出租车开出一截后再返回。这时可以挥手道别，然后再返回。

送别时的握手表示“就此别过”“就此留步”的意思。所以这种场景下拥有握手主动权的是客人。客人没有主动伸手，主人不宜先伸手，否则就有催促客人赶紧离开的意思。

**重要接待送别**

对于要客、贵宾、远客，可以请相关领导参与送客，以示对客人的敬意和重视。

图 4-7　送客后关门要轻

对于远道而来的客人，可以考虑是否需要安排交通工具将其送到车站或机场。

对于重要客人特别是远道而来的贵宾，应考虑为其准备一份土特产或纪念品，在临别之际提前郑重奉上。

为了表达对其同事的友好情谊，可以告诉客人代为向其他人问好，比如“请向贵公司全体同人问好”“祝贵公司生意兴隆，财源广进”“周经理这次没来真是挺遗憾的，麻烦您代我向周经理问好”等。

道别时再和客人说一些诸如“请慢走”“再见”“欢迎下次再来”“合作愉快”“祝一路平安，旅途愉快”等道别语。像“一路走好”就不要说了；客人如不是坐船，“一路顺风”也没必要说（如图 4-8 所示）。

若条件允许，送客人到火车站时，应等客人通过检票口时再走；送到机场时，等客人通过安检再返回。

送客人到车站或机场等候安检或检票时，不要表现出心神不宁或频频看表，以免使人误解成催他赶快离开。

若有特殊原因要在检票或安检前提前离开，应向对方说明缘由。可以在客人上车或登机后，发一条表达祝福或期待下次会面的短信。

## 商务接待礼仪六禁忌

一位企业领导曾向我说过他的一次尴尬经历。他有一次去某下

图 4-8　道别语不能乱说

属企业了解工作，去机场接待陪同的是下属企业的办公室主任。从机场来到办公大楼后，办公室主任陪同该领导去办公室。这时，这位领导突然“内急”，就问洗手间怎么走。办公室主任站在那里，原地不动地“热情”告诉领导：左拐、右拐、左拐、左拐，然后就是了。这位可怜的领导找了好半天也没找到，只好作罢，暂时咬牙强忍。

他人带着诚意和善意而来，而偏偏受到冷遇或怠慢，那种滋味恐怕是不好受的。平心而论，有时候并不是主人有意为之，而是由于不专业的行为给人造成的误解，我把这些行为总结为接待礼仪六禁忌。

**临时爽约**

他人因公来访，无非就是寻求某种形式的合作或支持，才事先约定时间，并据此做了安排，兴冲冲而来。即将成行之际，忽然接到一个电话：取消会面。对方失望的心情可想而知。或许你有充足的理由，临时有重要的事。谁没有重要的事呢？虽然来访者能够理解，但在他的心里多少会觉得“原来在人家的眼里，我还没有受到足够重视”。

最可气的是那种已经出发在路上，甚至已到达拜访者单位，却被告知临时有事不能接待。除非有站得住脚的理由，否则这种伤害是难以弥补的。只要有选择余地，我想大都不愿再与这样的单位合作。

出于诚意或礼貌，爽约者应亲自去电致歉，说出有说服力的原因，并主动提议其他会面时间。

**接待不对等**

接待者与来访者的身份基本对等，是各种接待的基本原则，也是基本要求。实际交往中往往会有身份略低或略高一点的情况，但只要身份相差不太大，都没有关系。就怕那种公司总经理亲自来访，这边全程接待的只是普通文员。或者对方只是一个普通员工来访，这边是老总全程接待，虽然这是一种礼遇，但也显得太不严谨。

一般接待员出面接待陪同一会儿，然后由相应人员正式接洽，这是正常的，不能说是非对等接待。

接待还讲究最初联系人应该参与接待陪同，或出面打个招呼。而且为显重视，接待中，比客人身份高者可以特意来寒暄，或者出面宴请等，这些都会让对方觉得受到礼遇。

**多头接待**

安排接待的时候，应该固定一位或几位接待人员，其他人员可以会面，但不应随便换主要接待人员，否则会让对方感觉不知道到底和谁谈。

同时，接待人数应适当。当对方只有一位时，接待人员一般可以安排 1~2 位；5 位以下安排 2 位接待人员；当客人比较多时，接待人员一般是客人的 1/3 就可以了。

**举止不专业**

很多人都遇到过接待者不专业的情况。没有提前查清来访者姓氏、身份；把来访者姓氏、单位搞错了；没有把来访者的必要信息告知接待的同事或领导；带来访者去某个地方，一路上不和其说话；不告知来访者要见什么人，去什么地方；不告知来访者自己是谁；也不问来访者是谁，更不和其寒暄致意，当然也谈不上热情了；中途来访者想去某处请其带路，他站在原地指东指西，就是不亲自带路；看人的时候，上下打量或用眼角余光；沟通的时候，心不在焉……这样的接待者，让来访者“上火”，也让单位蒙羞。

**坐冷板凳**

有时候客人应约而来，但要见的人偏偏正巧没空。只好先等着，于是一杯杯喝水、一次次上洗手间。半小时、一小时甚至两小时过去了，还没见到“庐山真面目”。纵使饮用水不限量供应，也难浇灭这种尴尬等待的不满。

作为接待者，如果确实临时有急事，应请同事出面接待并先会谈，自己出面打个招呼、表示歉意。即使其他人员都抽不开身，也应该有前台或秘书将来访者安排到一个相对舒适的环境中等待。应该提供小包装的点心、饮料、报纸杂志，以供来访者消磨等待的无聊时光。

当确实需要对方等待很长时间，比如超过一个小时，就应该亲自向对方表示歉意，然后说明情况，征求对方意见：是继续等待还是改天再会面。

**受到冷落**

面对来访者，见面就谈公事，谈完就走人，不问候、不寒暄、不关心；不管聊的时间多长，也不给来访者倒杯水；半天的会谈，除了一开始的一杯水，不再给来访者续水；面对远道而来的客人，即使要沟通几天的时间，其间不问候下榻酒店的情况、饮食和交通情况等，更不用说其他了；当初电话中的沟通情投意合、热火朝天，见面后一脸严肃；或者对方熟悉的联系人不接待，也不露面……这些都是让人感到受冷落的情况，会让来访者觉得被怠慢。

另一种冷落是同行的来访者中身份高者太受礼遇，而其随行人员却鲜有人搭理，甚至眼神都很少关注到他们，让他们受到冷落。待遇差别过大的接待，不用说随行人员，就连主宾也会感到不自然。

## 商务拜访和赴约

鲁迅先生认为："浪费别人的时间就好比谋财害命。"对于那些不守时的拜访或赴约者来说，浪费的不仅仅是自己的时间和信誉，更浪费了他人时间、打乱了他人正常的工作安排，是非常不礼貌、不道德的行为。

## 注意守时

德国哲学家康德是一个非常守时的人，他认为："无论是对老朋友，还是对陌生人，守时就是最大的礼貌。"康德有一次应约拜访老朋友威廉。马车在威廉家不远的地方，被一条破损的桥拦住了去路。桥已不能通行，桥下河水又急又深。而如果从下一座桥走，将花太多时间而迟到。于是康德从附近一所破农舍里买来几根旧木头修好了桥。一番周折之后，康德终于准时出现在威廉家门前。威廉听说这件事后，为康德这种守时的精神感叹不已。

纳尔逊侯爵曾说："准时是国王的礼貌、绅士的职责和商人的习惯。"

守时是优秀商务人的起码准则，无论是什么原因，迟到都会被认为是没有原则、不守信用。这只能让商务伙伴有被轻视的感觉，连郑重其事的见面都这么没谱，真正合作的时候难说一下子就能变得"有谱"了。

守时的人无形中展现了自己的真诚和严谨，这必将得到他人真诚地回馈和敬重。

商务往来的双方都各自代表了本单位相约面谈，守时在这里的意义，更体现着一个单位的尊严。它体现的是对时间的珍惜、对这次面谈严谨认真的态度，从而折射出这个单位的企业文化、管理水平和员工素质。

守时，就是指准时到达，早到 5 分钟左右是可以的，但不要提前太早。到得太早，可以在约定地点附近转转，等时间差不多时再去赴约。

**做好准备**

最晚在赴约的一天前，就要向对方通报届时到场的人数及各自身份，以便对方做好相应人数及身份的考量、安排。避免安排对方反感的人。人数一经通报后不应再变更，切忌在没有告知对方的情况下随意增、减赴约人员，以避免给对方造成工作安排上的被动。

名片是自己身份的代表，交换名片也能更加获得对方的好感和信任，所以，赴约前务必准备好名片。要看有没有准备好名片，如果平时有几种名片，还要看你所带的名片是不是适合这次会谈。

赴约总有明确目标，围绕这个目标做好准备，比如洽谈的内容范围、必要数据的核实、谈话内容的专业材料准备等。准备充足，足以说明你的诚意，也能使你的谈话有条有理、主旨分明、把握主动。

服饰方面也要力求端庄、整洁，符合这次面谈的主旨，是很正式的面谈还是休闲式的、随意的面谈，然后据此来判断穿着正式还是休闲一点的。如果是公事，又是工作时间内的赴约，宜穿着平时的工作正装。

**见面有礼**

去单位做客一般不必携带礼品。而去私人居所做客，可适当准备小礼物，如鲜花、水果、点心、糖果、书籍等。

被引领到指定地点、见到主人时，对接待人员致谢。没有人引领时，来到房间外，在进门前要先轻声、有节奏地敲门或按门铃，即使门是开着的。

进入主人房间后，主动打招呼问好。有其他人在场，同时向大家点头致意。主人没有主动介绍，不宜主动询问他们和主人的关系以及来访的原因等。

如戴着手套或帽子，进屋后先脱掉。若雨天带了雨伞，进屋后用伞套将其装好，或是放在主人许可的地方。

公文包放在自己身边的地板上，不可以直接摆在桌子上（如图 4–9 所示）。

不要见到座位就坐，而应坐在主人指定的位置。就座的时候，不应先于主人或身份比你高的人坐下。

做客强调“客随主便”，以充分体谅主人。例如，主人没有邀请你参观他们的其他办公室或设施，不宜主动提出（如此行就是以此为目的，必须用征询的语气提出），更不能未经许可四处走动或东张西望甚至翻动物品。

当接待人员或主人为你奉茶，应欠身双手相接，并致谢。

茶水太烫时可以等凉凉再喝，不能边吹边喝。杯盖放到茶几上时，盖口朝上。喝茶宜慢慢品饮，不应一饮而尽，也不要啜出声音。一旦主人特别告诉你这是什么茶，或者有什么特别之处，意味着他很重视你们的交往时，作为回报，你应该对茶说些赞美的话。万一不小心喝进了茶叶，直接吐掉或明显地吐回杯中，都是失礼的行为，完全可以将其吃掉。

图 4-9　公文包请放在脚边

二手烟是非常让人反感的。对于烟民来说，拜访之中要特别注意，主人没有主动请抽烟，客人不宜主动提出。主人不抽，即使允许也不应抽（所谓的“允许”，往往是场面话，对客人请求不好意思反驳而已）。主人给你递烟时，不论不会抽还是不想抽都应致谢：“谢谢，我不（会）抽。”

## 拜访贵在适时告辞

很多人告诉我，他们在接待访客的时候，最头痛的就是那些“粘屁股”——不知道即时结束会谈的人。说得太直接，有伤对方颜面；继续陪着干耗时间，无端耽误了其他工作。做客有礼、适时告辞，不仅是风度，更是智慧。

**注意举止**

“无事不登三宝殿”，上门拜访或者希望合作成功，或者借此加深情感。作为客人，约束举止是起码的为客之道。

拜访当中，主人临时离开是正常的事，或许要去洗手间，或临时有要事。耐心等候就好，不应自己四处溜达、东张西望或心神不宁。

一般拜访重在沟通情感。作为客人，注意不要对主人的任何方面提出否定甚至批评意见。拜访不是谈判，所以对于非原则性的内容，即使双方观点不同，也不必过于较真。做到“求同存异”，努力营造出融洽的氛围。

遇到主人有失礼之处，只要不涉及自己的人格尊严，都应克制不计较，尽可能保持风度。

做客当中，不应给主人添麻烦，不提额外要求。我们中国人性格相对内敛且好面子，面对客人的额外要求嘴上不驳，心里可能已经烦得牙痒。

**适时告辞**

做客必须识趣，知道适时告辞。已经约好了会谈的时间，应该到点就结束。双方事先没有约定会面时间长短，一般以半小时至一小时为限。

当双方谈完事情，或者谈完事即将到休息时间，就应起身告辞。除非你想请对方吃饭，或者对方请你吃饭，否则快到用餐时间必须毫不犹豫地告辞。当有其他人来访，而你们也沟通好了，应立刻告辞；如果还没谈完，对方同意和你继续谈，也应尽快谈完并离开。

当主人有以下一些主观情况发生时，拜访者也要及时“知趣”而退：主人表现出疲倦的状态；双方话不投机，或当你说话的时候，主人反应冷淡，甚至不愿搭理；主人站起身来，或是把你们的谈话总结了一下；主人虽然显得很“认真”，但反复看时间。

**注意事项**

告辞的时机，应是自己说完话之后，而不是主人或其他人说完话之后。同时，告辞前不应有打呵欠、伸懒腰等举止。

提出告辞时，主人往往会说“再坐一会儿吧”“到饭点了，一起吃饭吧”之类的话，那只是纯粹的场面话，不可当真。所以没有非说不可的话时，就要毫不犹豫地起身告辞。对于远道而来的客人，主人有时会礼节性地邀请其游玩……作为明礼的客人，该拒绝时就应在感谢之余干脆地婉拒。

告辞前，应该对主人的友好、热情等给予肯定，并说些“打扰了”“添麻烦了”“谢谢了”之类的客套话。还可以说些诸如“这两个小时过得真快”“和您说话真是一种享受”“以后还要多多指教”“希望我们以后能多多合作”的话。对于受到的特殊礼遇，比如什么人亲自接待、泡了某种极品茶，都应再次表达谢意。

起身离开时，把自己坐过的座位归回原位。

若现场还有其他客人，即使不熟悉，也要遵守“前客让后客”的原则，礼貌地和他们打招呼。

主人起身相送时，识趣的客人应在主人送上几步后站住，主动伸手和主人相握并同时说“请留步”，以示告别，并再次请其留步（如图 4–10 所示）。

## 礼品馈赠让情意放大

商务活动中，馈赠礼品是正常、经常、必要的一种公关方式。这是为了向商务伙伴表示欢迎、表达感谢，同时又巩固、加强了企业和商务伙伴之间的良好关系。

图 4-10　应请主人适时留步

## 怎么选礼品

根据双方的关系和对方情况选择礼品。如果双方关系非常好，往往不会太在意礼品有多大价值，只要是特别的就可以。如果双方关系一般、对方身份不高，仅是有一些小的协助，或者为了方便和其所在企业其他人交往，送一些别致或实用的小礼品就可以。但如果对方是重要的、有一定身份的商务伙伴，或者本身是好面子型、喜欢穿用名牌者，必须考虑精美一些的礼品。

投其所好选礼品。礼品是沟通情感的载体，表达馈赠者的特有心意，或酬谢或求人或联络感情，等等。所以，选择的礼品必须与你的心意相符，并使对方觉得你的礼品非同寻常，从而倍感珍贵。实际上，最好的礼品应该是根据对方兴趣爱好选择的，富有意义、耐人寻味。所以选择礼品时要考虑其思想性、艺术性、趣味性、纪念性等多方面的因素，力求别出心裁、不落俗套。

孙处长工作中多次对项目经理小韩有很大支持帮助，小韩感激之情难以言表，多次请吃饭及各种“表示”，都被孙处长婉言谢绝。他得知孙处长没事就喜欢在家喝喝茶，于是就找懂行的文玩圈朋友花小千元求购了一只民国的粉彩无双谱铃铛杯送给孙处长。孙处长既感动又惊喜，欣然接受。

选择大众化的礼品。常见礼品有：精美图案组成的台历；咖啡壶、咖啡杯，适合送给有喝咖啡习惯的；金笔、钢笔礼盒，别致的笔筒，桌式玩具，小相框，印章；摆饰……这些都能提醒对方时时想起你的情谊。

送关爱。自制的关爱礼品是世界上独一无二的，用它来表达友谊更是别致。如果真正关爱对方，就会知道什么是好礼品，让商务伙伴感受到你随时随地的关爱。

公关部的杨芳在最近的拜访中得知其重要的商务伙伴陈总患有咽炎，久治不愈。事后她就把这事一直挂在心上，并多方打听药方。功夫不负有心人，杨芳终于在一位老中医那里找到一剂非常有效的偏方。治好咽炎后，陈总非常感动，不仅成了杨芳的忘年交，更为她带来了不少新的商务伙伴。

送信息、知识。日本企业流传一句话："向客户提供有用的信息，是送给客户的最好礼品。"根据商务伙伴所处的行业或者岗位，代为订阅一份报纸、一册教材、一本杂志，都能给商务伙伴带来启发和帮助，也就是好礼品了。

另外，礼品不是纪念品，所以不应该有本单位的 LOGO、名称信息，那样的礼品，广告意味太浓，缺乏诚意。

**礼品馈赠禁忌**

选择前先了解商务伙伴的身份、爱好、民族习惯，免得送出不必要的麻烦来。

小石去探望生病的商务伙伴孙处长，带去一箱进口的高档苹果以示慰问，哪知孙处长是上海人，上海方言里的“苹果”和“病故”两个字发音基本相同。送苹果是再平常不过的事情，可在此时内心非常敏感、脆弱的孙处长看来是非常晦气的事情。结果自此之后，孙处长一直对小石抱有成见，更不用说合作了。

中国普遍有“好事成双”的说法，所以凡是大喜事，馈赠礼品都好双忌单。但广东人则忌讳“4”这个偶数，广东话中“4”的发音像“死”，不吉利。

颜色上也要重视，白色虽有纯洁无瑕的意思，但在我们中国人看来也代表大悲之色和贫穷之色。同样，黑色也被视为不吉利，是凶灾、哀丧之色。红色，则是喜庆、祥和、欢庆的象征，受到人们的普遍喜爱。

还讲究给年长者不能送钟表，给夫妻或情人不能送梨。“送钟”与“送终”，而“梨”和“离”谐音，是不吉利的。同样不能为健康人送药品，不能为异性送贴身用品等。

给有公职身份者送礼品必须考虑到时机和礼品价值，不要让正常、正当的礼品变成给对方增加受贿嫌疑的坑。

**注意馈赠时机**

把握好适宜的馈赠时机，是达到馈赠效果的关键。一般来说，礼品应当在一见面时就送给对方；如果这时不太方便，也可以在分手道别时再赠送。面对一群人时，只给其中某个人赠礼是不合适的，会让这个人有受贿和受愚弄的感觉，而其他人更会有受冷落、被轻视的感觉。

即使给关系密切的商务伙伴馈赠礼品，也不宜在公开场合进行，以免给人留下你们关系密切完全是靠物质支撑的感觉。只有礼轻情义重的特殊礼品，表达特殊情感的礼品，才可以在大庭广众之下赠送。

馈赠的时间可以选择在节假日、喜庆日、生日、探病、婚礼、表达对所提供帮助的感激之情时，这都是馈赠礼品的最佳时机。因为这些时候馈赠不会显得突兀，容易接受。参加婚礼，礼品也可事先送去。祝贺节日、赠送年礼，最好亲自送上门，快递是不得已的选择。如果快递，应随礼品附上自己名片，或者手写贺词放在信封里，在估计对方即将收到时再打电话告知。

会见和会谈时，准备馈赠礼品，大都选在起身告别之际。拜访、赴宴、道喜、道贺时，如想向对方馈赠礼品，通常选择在双方见面之初。出席宴会时向主人馈赠礼品，可在起身辞行时，也可选择在餐后吃水果时。为专门的接待人员、工作人员准备的礼品，一般见面后尽早赠送给对方。向外宾馈赠礼品时，可以在外宾向自己馈赠礼品之后再回赠；也可以在外宾临行的前一天，去对方所住酒店探访时赠送。

**注意馈赠举止**

馈赠时应呈站立姿态，双脚并拢，身体略向前倾，面带微笑注视对方，然后用双手捧着礼品送到对方面前。态度平和友善、动作落落大方。可以说“这是我们为您准备的一份礼品，希望您能喜欢”“这是我们单位给您准备的礼品，请您收下”等。

切忌说“这是我随便买的”“反正也是别人送给我的”或“反正不值几个钱……”“我们那儿多的是……”之类的自谦话，这样的“自谦”话现在被越来越多的人反感。当对方夸奖你所送的礼品时，报以微笑说：“真高兴您能喜欢。”

礼品比较新颖的话，还有必要简略地介绍一下礼品的名称、性质和出产地及用法。如果所赠的礼品有特别的寓意，一定要特别讲清楚，否则就枉费了你的苦心。

## 节日期间往来礼仪

我们中国人讲究人情往来，而一些重要节日是我们人情往来、拉近关系的好时机。节日期间往来的方式不外乎以下几种：

**见面坐坐**

见面是最好的问候。在主要节日特别是春节，如果能当面拜年、送去祝福，哪怕见面寒暄几句、小坐一会儿，在倚重于媒介交流、即使近在咫尺都可能三年不见的今天，更能表达你难能可贵的诚意。

见面应提前预约，时间上尊重对方的安排。对方因为你非要表达祝福而打乱了原本的日程安排，对你产生意见的话，也就失去了见面的本意。节日期间会面，短短表达祝福、寒暄一会儿就行了，不要逗留太长时间，以免耽误主人安排其他事情。

过节见面时请吃饭、边吃边沟通情感，也成了不少人的选择。如果请吃饭，应该提前和对方确认时间，而且还要避开节日的当天及前一天，这两天对方往往会有自己的安排。不要临时突发奇想而打乱了他人的计划。

按我们中国人的习惯，传统佳节见面，如果不是请吃饭，就应携带礼品。

**赠送礼品**

赠送礼品的节日，一般以端午、中秋、春节三大传统佳节为主，特别是中秋和春节。像国庆、清明，外来节日情人节，不必表达祝福，当然也无关礼品了。但在六一儿童节，可以选择礼品给朋友、领导或者商务伙伴的孩子，这种方式也很不错。

商务礼品讲究包装，但应适度。有些礼品被深深“藏”在若干层包装之下，想要见到礼品的“庐山真面目”，还真得费一番周折。在大家都提倡环保节能的今天，这样的礼品不一定受欢迎，适度包装，礼轻情义重。

我国的每个节日都有相应的文化内涵乃至不同的标志性食品，如果能结合一下更好。比如端午节是以粽子为核心、中秋节以月饼为核心。送食品时，保质期、品质都是对方很关注的。名品、在保质期内是起码的考虑点。名不见经传的品牌或者马上就要过期，反而会让人反感。

也有很多人用各种“票”作为节日礼品，比如购物券、演出票、景点门票或旅游往返机票等，也很受欢迎。

应季水果当然也不错，现在物流速度极快，不管在哪个城市，都可以很快送到。

当面赠送礼品，不是亲戚串门，闲聊一会儿就应起身告辞，一般一小时以内就行，不应等到对方暗示或者熬到用餐时间，逼对方请你去吃饭。

虽然现在物流业很发达，但本地赠送礼品还是提倡当面交给对方，以使礼品的情感沟通效果达到最佳。若需要同时送给很多人，快递当然是很好的选择，但应注意把礼品包装好，确保对方在收到礼品后无损坏、不变形、不变质，而且还应在估计对方快收到或刚收到时，亲自打电话告知。现在快递都能看到物流进度，可以很好把握这个时间点。

**电话问候**

节日打电话，目的就是问候，所以不宜主动谈起公事，否则给人一种“祝福是假、谈事是真”的不好印象。打电话应避开对方不方便的时机，比如晚 9 点后、早 7 点前及用餐、午休时间。

除非你们非常熟悉，否则打通电话后务必自报家门，以免对方弄错造成尴尬。

微信问候是很多人的选择。编写原创短信内容是最理想的，但不是每个人都有这个精力。转发祝福内容时，注意内容的选择和编辑。给商务伙伴、领导的微信、短信，恶搞类的不宜选用。另外，应该署名，不要让对方猜。如果能在内容前面加上对方的称呼，就更显得有诚意，说明此信息“专为你而发，并非群发”。

商务往来中，有些节日不宜发送问候，像清明节、情人节等。

电话问候，也包括微信语音通话。一般情况下，商务往来中的问候，不宜用视频通话的方式问候。

## 他人尴尬的应对礼仪

美国《时代》周刊网站 2015 年 12 月 8 日的报道：克罗地亚赫尔辛基人权委员会主席伊凡·兹沃尼米尔·齐察克，在与该国女总统科琳达·格拉巴尔·基塔罗维奇合照时，裤子突然掉到了膝盖以下，随即他马上将裤子提了起来。格拉巴尔·基塔罗维奇对此面不改色，表现得十分镇静，从容应对这一尴尬时刻。

谁都希望能够在交往中从容不迫、洒脱大度，但往往事与愿违，谁也避免不了尴尬场面的发生。作为尴尬的“见证者”，要处理得当，事关对方的脸面和尊严，甚至双方的合作。

**不要发笑、嘲弄**

很多人都有这样的经历：摔跤后首先是看周围，然后再起身。这就是潜意识里不希望自己被人看见自己的尴尬。

在他人“出洋相”的时候发出笑声是非常失礼的，甚至可以说是对人格尊严的侮辱。或许你并无恶意，但在当事人看来这绝对不可原谅。

美国发生过这样一件事：在庄严、肃穆的婚礼上，新娘突然放了一个很响的屁，宾客们哄堂大笑。新娘羞恼交加，当场突发心脏病而猝死。

商务交往中，和同事或者商务伙伴在一起时，也有可能遇到如对方不小心摔倒、撞到玻璃门上、大庭广众之下认错人或衣服扣子崩掉等情况。作为训练有素的商务人，应该做到见怪不怪，避免贸然发笑，从而最大限度地减少对方的尴尬。

**尽量帮忙解围**

他人发生尴尬时，如解围能化解或者减轻尴尬的话，应尽可能伸出援助之手，减少他人的难堪。

商务接待中，客人一抬胳膊把水弄洒，怎么办？这时候快速地将水处理干净，然后像没事一样继续谈论话题。这样的效果远比先安慰然后等着客人自己找纸擦水好很多。

据英国《每日邮报》2012年2月28日报道。德国总理默克尔在德国北部城市戴明出席一次宴会活动时，一位侍者不小心将5杯啤酒全部洒在她的背上。她一开始吓了一跳，但很快平静下来，随后像没事发生一样举杯祝酒。

交谈时遇到冷场，这是让双方尴尬无比的事情。这时候你应赶紧找出新话题，哪怕讲个笑话轻松一下，或者提议暂时休息，都会让大家长出一口气。

不知道当事人在场或在不知情的情况下，在第三者面前或当面埋怨当事人。这种情况下如果没有人宽容地替当事人解围，会让当事人陷入尴尬的境地，甚至会为双方的关系蒙上阴影。

市场部的江滔进了小沈等人的办公室，拿着策划书皱着眉头说："这是谁写的，一点儿条理都没有！如果是冯昆，哪至于这样！"小沈一脸尴尬，一边的冯昆接过话，笑着说："不好意思，就是我写的。这是初稿，是挺乱的，还没来得及修改小沈就拿走了。"江滔和冯昆相视一笑，化解了尴尬。

### 做到视而不见

有一次，美国开国元勋富兰克林和助手在走廊里，看见一位妙龄女郎突然脚下一滑跌坐在地上。富兰克林认出她是自己手下一位很注重形象的职员。助手刚要去搀扶，却被富兰克林拉住，并示意他暂时回避。那位女职员环顾四周，见没人发现，很快恢复常态，掸去身上的尘土，若无其事地继续前行。富兰克林见助手仍有些不解，就淡淡一笑："年轻人，你难道愿意让别人看到自己跌倒时那副倒霉样吗？"

遇到丢脸的事情发生时，我们喜欢说一句"恨不得找个地缝钻进去"。这是因为他人看到了你的尴尬。而如果没有人看到，你可能会照样挺直胸膛，若无其事了。

当他人发生尴尬，我们不一定能帮上忙，或者插手后会让他人更尴尬，最好当作没有看见。

作为男士，无论是同事还是商务伙伴，她“春光乍泄”时，你怎么办？当然是当作没看见。当你也是女士时，可以提示她“要不要去洗手间”。

和领导或者商务伙伴在一起时，他们中有人突然来了一个响亮的排气声，怎么处理？还是应该当作什么都没发生，保持正常的表情。这是“事故”发生者最希望见到的处理方式，他们会在心里感谢你。

领导正在批评同事，你最好当作没看见、没听见，更不要主动往前凑。如果凑上去却说没听到、没看到，估计你自己也不相信。

**用幽默来化解**

幽默是避免人际冲突、缓解紧张的灵丹妙药，是帮助他人摆脱尴尬的好方法。

餐桌上，吴科长对远道而来的贺经理说：“贺经理，这是我们这儿的猪肉炖粉条。这猪是放养的，粉条是农家自己压出来的，都是绿色食品。”说着，吴科长带头把筷子伸向菜碟。夹的时候粉条弹了起来，将一滴浓浓的汤汁溅到了贺经理的嘴上。吴科长一下子尴尬极了，不知道怎么办才好。此时贺经理咂了咂嘴说：“嗯，味道还不错嘛。”于是把筷子伸向了菜碟。一场尴尬就这样化解了。

**不传播尴尬**

不管有没有取笑的因素，把他人的尴尬事情当作故事、笑话而指名道姓地四处张扬，都是不道德的行为。人人都爱面子，都希望自己的难堪越少为人所知越好。这样的“热心”传播者，当然更容易成为职场不受欢迎的人（如图 4–11 所示）。

## 必知的办公电话礼仪

办公电话使人们的对外沟通、内外交往更加便捷。但很多人因为不懂电话礼仪，使原本应该愉快、高效的沟通变得困难重重。

**基本礼仪要求**

通过一次电话之后，很多人就会因此判断对方是一个什么样的人，而产生交往的情感倾向，虽然这种倾向并不客观。这是因为人们会根据对方声音中表达出来的情感因素来做出评断。所以，电话沟通中声音的情感就很重要，尽可能表现出积极的感情色彩。

当有负面情绪时，要调整好情绪后再接打电话。

往外拨打的电话，接通后的第一句应该是有感情的，“您好”或“你好”，忌说“喂”，然后是报单位名称。接打电话也应以“您好”或“你好”开始并自报家门。直线电话应说单位简称，分机电话应说部门名称，或者直接说姓名，或者部门和姓名。结束通话时，应先说“再见”再放话筒，不要让人觉得太突然。

图 4-11　传播尴尬很失礼

通话的时候，不宜有可能影响声音情感的仪态，比如趴着、仰着、斜靠着或双腿高架。通话中吃喝东西的声音在电话中声音更明显，除非你们是关系很铁的老朋友，否则显得很无礼。

电话意外中断，一般由电话方或身份相对低者主动再拨打过去。结束电话时，一般谁先打出的就由谁先提出结束；接打的电话，可以让对方先结束，或者让尊者先结束。

**打电话礼仪**

打电话前应将以前的沟通情况做一次简单梳理，并适当地在电话中体现出以前的沟通成果，以示你记得、了解以前的沟通。而对于内容复杂的电话，最好先理好一份通话要点，将重要信息都列出来，以免沟通时缺乏条理、丢三落四。

因公对外打电话，要注意时间。除约好的时间外，应尽可能在对方方便的时间拨打，一般是上班的半小时后、下班的半小时前。不是十万火急，不应在对方休息时间打因公电话。而打到新疆或国外的电话，还要考虑时差。

通话时间以短为佳，言简意赅。这样的沟通最有效率，对方听的效果也最好。交谈即将完毕，再简单复述重要的通话内容，特别是涉及的数字、字母、路牌号。

至于通话的“三分钟原则”，是“以短为佳，言简意赅”的具体体现，是指应尽可能控制通话的时间长度，做到简练、明确。

## 接电话礼仪

我们提倡电话铃响三声之内接听电话。不应在第一声就接，否则会让对方吓一跳，而再晚接，也会让心急的人以为没人接听。因故电话响铃三声之后才接听，通话后应首先致歉。

正在和他人谈话又有必须亲自接听的电话时，先示意和自己交谈者稍等，并在接完电话后向对方道歉。手头工作太紧，而对方的事也不是必须立即处理，应在接通电话后说明原因，表示歉意，同时约好具体时间并主动打过去；出于礼貌，可以再次向对方致歉。

即使对同事有意见，代接电话时也不应表现出个人情绪，这是起码的礼仪素养。除了因要转告电话内容而问对方的基本信息，如姓氏、单位、事由、联系方式外，不应再问其他信息。

没有授权或打电话者不是同事熟悉的人时，不要随便说出同事的私人电话或实际行踪。至于行踪，说“他这会儿不在座位上”就可以了。

替同事转达的时候，应做好电话记录。记录内容一般应有下面几项信息：对方姓名或姓氏、事由、单位名称，是否要回电话或回电话时限，来电时间。其中如有涉及地址、账号、电话号码、微信号或电子邮箱等易错信息，必须在通话结束前再复述一遍。

### 不做电话机器

因为电话沟通便利，很多人和外界直接接触越来越少，认为

“电话可以搞定一切”。我们都有这样的感觉：对于久未见面的人，见面之后会特别激动。还有一句话说“打人不打脸”，就是当面对着他人时，多少要给点面子。所以我认为，当面沟通的情感作用，是办公电话所不能替代的。

当面沟通更具情感优势，更能获得良好的交际效果。建议在商务交往中，尽可能多一些当面沟通，少一点电话依赖。特别是对于重要事宜、重要人士、已经联系过一段时间或想进一步发展合作关系的人。

## 手机和微信礼仪

不管是在商务交往场合，还是公共场合，绝大多数人都习惯一有空就低头看手机，使人和人之间的情感联系变得淡漠。我提倡，让我们一起做一个有“温度”的商务人，从注意手机礼仪开始。

**手机礼仪**

有则公益广告：节日里，老人做了一桌好菜，满怀期待地等着儿女们回家。电话响了，老人接到孩子们的电话，所有的孩子都表达了相同的意思：“妈，我们很忙，就不回来了。”老人看着满桌的饭菜发出一声叹息。由这则广告我想到，手机仅是一个沟通的工具而已。真正富有成效及满富情感的沟通，还应该当面进行。

美国的《华盛顿观察》专门撰文《无线交流让礼仪缺失》，呼吁手机礼仪。这些年的商务礼仪培训中，我也一直这样提倡。据我的观察，商务人士，包括大多的商务中高层人士，经常违反起码的手机礼仪，已成了让他人侧目的重要原因。

商务场合，手机应放在随身携带的公文包里或者上衣内袋里。尤其在商务会谈中，手机不宜拿在手里或挂在脖子上。

开会的时候，把手机关机或者调成震动状态后，放在不起眼的地方，如背后、手袋里、衣服口袋里，最好不要放在桌上。

飞机起飞后到降落前，以前规定，必须关机。但现在不少航空公司规定在手机的“飞行”模式下可以使用手机。和他人谈话的时候，如果关机怕影响和外界的联系，调成静音状态是必要的，以免干扰交谈，这是对双方的尊重。在影剧院、宴会上，要把手机关机或者调成静音状态。在加油站不可以使用手机。

公共场所接打手机的时候，音量必须适度。接听和拨打电话的音量，以尽可能不妨碍和影响他人为宜。

遇到手机信号弱的时候先挂机，过一会儿再联络，禁忌大声呼叫。声音大小并不能改变信号的强弱。

“手不离机，机不离手，才叫手机。”手机就是一种沟通工具而已，不要什么事都靠手机来解决。一些重要的事、复杂的事，还是应该面对面地沟通解决。这样既富有效率，又增进了彼此的友谊。

在和他人面对面沟通的时候，绝不能时不时低头编写或者发短信。发手机短信时注意对内容的选择和编辑，既然是你发出的短信，意味着你赞同或至少不否定短信的内容，从而也反映出了你的品位和水准。所以不宜编辑或转发低俗、不健康的短信。

微信普及后，手机短信已不常用。用的时候，内容要简短，不啰唆，并养成先浏览再发送的习惯，最大可能地避免文字的错误或歧义。开头有称呼，结尾有署名。

我们知道，时间太晚就不宜给他人打电话，同样短信也不宜发送，这是很多人都不注意的问题。

每个人的手机都有不同的彩铃。商务用途的手机彩铃务必注意，不能随心所欲，像恶搞类的、怪异的、低俗类的，都不宜选用。

一位企业老总告诉我，他准备电话联系某证券公司客户经理买些基金。电话打过去还没通话，他就决定不找这位客户经理了。这位客户经理的手机彩铃是“我赚钱了，赚钱了……”（如图 4–12 所示）

**微信礼仪**

微信，成了人们重要的通信和社交工具。商务往来中，微信礼仪要注意什么呢?

慎用语音。微信语音不是任何时候都方便收听。而文字内容，只要不是在开车，都可以快速浏览文字，即刻做出反应。当涉及复杂的、重要的信息或数字，应避免用微信语音，仅听声音听错的

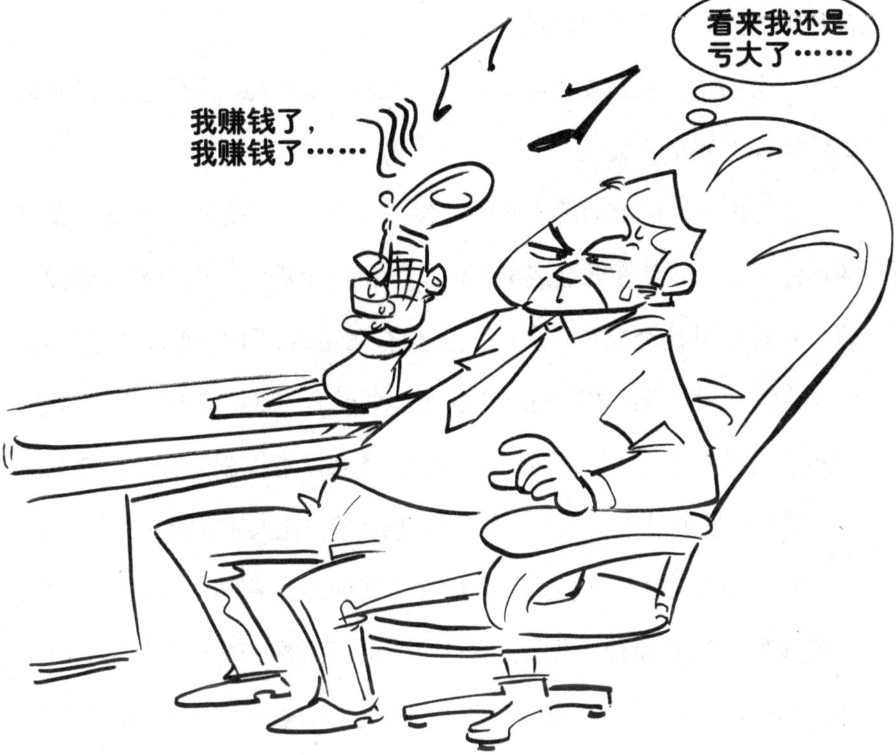


图 4-12　合适的彩铃才受欢迎

概率更大，对方为避免听错可能还得和你确认，反而降低了沟通效率。

加微信后的初次沟通，最好不用语音。语音沟通往往被认为适合熟悉的人、亲近者之间的交流。

听微信语音最好戴耳机，除非周围没其他人。当然也可以将语音转换成文字形式阅读。

注意内容。内容简练不啰唆，发一条就能说清楚的，不要一条条地不停地发，以免在开会或谈事时，手机响个没完。内容编写后读一遍，看看意思是否完整，数字、标点有无错误，不应通篇都是逗号、句号或叹号。发送前再次确认联系人是否正确，避免将内容发错对象，引起不必要的尴尬。用语音短信沟通，务必注意控制语音的条数及时长，不要一发就是十条八条，条条都是60秒，让人实在没有听的兴趣。

对于重要事情的内容发过去没得到回复，应该主动电话联系，以免误事。我们给他人发文件时应说话，不要一声不吭直接甩出文件，那样给人感觉不礼貌。另外，收到他人沟通工作事项的微信短信或文件应及时回复，以免对方牵挂。转发内容，不要跟风发低俗内容或谣言。

不要用“在吗”作为开场白。首先来一句“在吗”，这在很多人看来，有时是尴尬的问题，万一说了“在”，下一句你发的是让对方勉为其难的事情呢！所以，微信沟通最好有事说事，不要习惯以“在吗”作为开场白。

留言点赞不随意。如对方在工作方面对你很重要，对于合适的内容可以点点赞，以示关注和参与。点赞的事情可以在未来的时间里不间断地伺机进行。如果天天点赞，显得太有心机；以后再也不点赞，也显得漠视他了。刚才说的是“合适的内容”，再去考虑点赞的问题。另外，朋友圈的留言也应慎重，不要让人感觉总是没话找话刷存在感。

慎刷屏。即使有太多希望和大家分享的内容，也应控制发朋友圈的数量，不要满朋友圈都是你的各种消息，这样很可能被人家屏蔽。有想请大家帮忙投票、点赞的内容，发到朋友圈就行了，不应该私发给商务伙伴，要知道不是所有人都乐于做这样的事，而且也很难确保你提供的链接或二维码肯定没有病毒。

对待工作群。各单位或部门基本都有工作微信群。工作群，“消息免打扰”“折叠该群聊”这样的设置，不应针对工作群。为了避免重要消息的遗失，可以打开“保存到通讯录”开关。不要随便往微信群发无关的内容，你认为有趣的东西，在其他人看来可能就是无聊或刷屏。另外，发工作通知的时候，注意尽快回复，不能只发“微笑”这个表情，这个表情在微信聊天中，已变成“无话可说”“不想多说”的代名词了。在微信群里下发工作任务时，事项相对复杂时，我们不能仅仅说收到，还应复述任务内容，确保没有理解错。没有提及时限要求，又不是那种默认时限的常规工作，这时应主动询问。工作群里，不能说每个人都跟你是“老铁”，所以慎在工作群里开玩笑，你的玩笑在他人眼里可能就是无聊。

慎用视频沟通。不是每个人都喜欢视频沟通，所以不要动不动就和商务伙伴视频沟通。确有必要时，务必提前告知，以让对方有准备的时间（妆容、背景、合适的环境等）。

## 电子邮件礼仪

现在很多人用微信发文件、沟通，电子邮件似乎已变得不再那么重要。但作为常用的电子化的书面通讯方式，仍有其特点和优势。商务往来中，电子邮件礼仪需要注意以下几方面：

注意设置。邮件主题就像信件的信封一样重要，只有写清楚邮件主题，人家才知道这封信是写给谁的。在垃圾邮件泛滥的今天，这一点很重要。邮件主题，要写清对方单位简称或者对方姓氏加上职务、身份，还可以写上事由，如“××公司周经理收”“靳斓老师收礼仪培训行程单”，这样对方就知道这不是垃圾邮件了。我发现，即使是世界百强企业，管理层中很多人对这方面也不太在意，经常不写收件人的姓氏或者单位名称，而只写事由。这样不规范的处理，使被当作垃圾邮件误删的概率大大增加。最好将发件人设置成单位名称再加上自己的名字，方便对方了解邮件是谁所发。同时，用于商务往来的邮件，避免个性化的签名。设置自动回复应注意内容应该包括落款，姓名、单位名称都可以，或者两者都有。

注意内容。商务邮件的内容格式可遵照书面信函的格式和规则。字体及颜色的选用上，以方便阅读为宜。邮件内容讲述必须简洁，语言流畅，用语礼貌。注意及时回车换行，以方便阅读。避免使用网络语言及符号，特别是不常用的网络语言及符号，以免对方不理解而使交流受阻甚至产生歧义。写完内容，检查文字是否有错。相对于手写，键盘打字更容易出错。如有附件，在邮件内容中应予以说明。点击“发送”前，再检查一下邮件：邮箱地址、称呼有无错误，核对附件文件是否正确，以免发错文件带来误会或泄密。发送邮件后最好能再通知对方查收。不是所有的人都养成了随时查收邮件的习惯。

注意查收和回复。因公使用的商务邮件，必须定期查看收件箱，及时处理新邮件，免于发件人担心邮件是否已被看到。一般应在收到邮件后的当天回复，而问题较难处理或太忙时，先简单回邮件告诉对方已收到，事情正在处理之中，并说明具体多长时间会予以回复等。即使邮件有自动回复功能，也需要这样处理。

## 工作会议礼仪与线上会议礼仪

### 工作会议礼仪

工作会议是单位集中传达重要事项或讨论工作事宜的集会。参会者因在会议上所扮演角色的不同，而有不同的举止要求。

会议在哪儿开？什么时候开？会议主题是什么？这次会议自己

或者本部门有什么问题需要解决？带着问题参会，效果会更好。

即使平时对穿着没要求，但有外单位或者上级单位领导参加时，穿着也应比平时稍正式一点。这是事关单位形象和员工精神面貌的问题，不容忽视。

我应邀参加某单位的服务管理座谈会。应邀参加的还有该单位上级主管单位领导、协会领导共几十人，不可谓不隆重。让我感到惊讶的是，和我们这些嘉宾及他们的领导个个正装相比，该单位的员工代表中，有两位却穿得很“轻松”：一位男员工穿着无领T恤、有破洞的牛仔裤，一位女员工穿着超短裤！随后的发言中，其上级主管单位的领导就看着那两位员工，意味深长地说：首先就要服务形象规范化，像这样的着装肯定不行！

会议开始前把手机设置为震动或静音状态，保持会场肃静。如有必要，会前就要去卫生间，以便没有“遗留问题”。到达会场时谨守分寸，选择符合自己身份的位置入座。

工作会议是因“公”而开，不论是有外单位参加的会议，还是本单位内部会议，都应遵守礼仪要求。

不迟到、不早退。会议开始前5分钟左右就应进入会场，不要让大家等你“粉墨”登场，也不应只挑最偏远的地方坐。

会场上保持会议应有的氛围，至少不要主动“添乱”。有时候难免会遇到“舍不得结束”的发言者，再加上声音没有激情，语言表达平淡，时间一长就像催眠曲。即使如此，也应提醒自己，绝对不能在会场上睡觉或者做与会议无关的事。

本部门或人数少的会议，应积极参与，以提高会议效率。这正是领导所希望的。

会场上拍照应用静音，关闭快门，以免影响其他人。即使再喜欢玩自媒体，在会场这种特殊场所，这次内容能否在网络上公布，也应慎重考虑，不要因任性造成泄密。

有急事找会场里的人，不应敲门往里闯。比较得体的方式是，以不影响他人的方式进入会议室，并将写好事项或要找人的字条交给有关人员。

他人发言期间，认真听讲的姿态不仅表明你的工作态度，也是对正在发言者的尊重。不应东倒西歪或趴在桌子上，更不应交头接耳、随意走动、接打电话、玩手机游戏、看书、抽烟、吃零食、睡觉、玩手头的东西等。即使对发言人不满，也不可以有吹口哨、鼓倒掌、喧哗起哄等失礼行为。

发言中还要给予积极的回应，并不是一直老老实实地坐着就是尊重对方，而是应有一定的目光交流，对待赞同的观点时，应用点头、微笑或目光注视对方等方式予以回应。

他人发言结束，鼓掌以示对他讲话的肯定和支持。

即使小范围会议，打断他人发言也是失礼的。有问题可以等对方停顿或者结束的时候再提出。听不清楚或不明白的地方，可以请对方再做说明。要求发言先示意。发言中即使观点不同，也必须友好，以理服人，不讽刺挖苦，不人身攻击。发言后对在场所有人表示感谢。即使不认同他人发言，也必须控制情绪，粗暴否定是无礼的。

有紧急的电话，以不影响他人的方式离开会场，到外面接听，并三言两语结束。因公非回不可的微信，简单沟通后，等会议结束再联络。

会中尽量不离开会场。因故必须离开也要轻手轻脚，不干扰他人。长时间离开或提前退场，应该和会议组织者或自己的主管领导打招呼，说明理由，征得同意后再离开。

**线上会议礼仪**

网络时代，线上会议使得人们在不同地点随时都可以开会商讨事宜。

提前做好线上测试，避免着急忙慌地掐点进来，才发现会议软件需要升级后才能登录，这就显得很失礼了，尤其是和客户方线上会议或大家等着你发言时。

参加视频会议，即使是在家里开会，也应注意形象和背景，不要穿着睡衣，蹲在马桶上、躺在床上打开视频就开会，不管是面部形象和发型，都应干净、整洁、利落。也不能坐在餐桌旁，边直播吃饭边开会。即使是同事之间，也应对同事和工作有起码的尊重。尤其是和外单位的视频会议，这种情况下我们在形象上就要适当注意了。妆容上，女士此时的妆应比日常妆化得更仔细一些，粉底、眼影、腮红、睫毛膏、眼线、唇膏一样也不能少，最后还应扑一些透明散粉。男士也可以适当修面，去除掉脸上过多的油光。穿着上适当正式些，同时考虑到背景，所穿衣服应与身后背景有颜色反差，不穿细格子花纹或细条纹的衣服，否则从镜头上看，会有晃动感。

视频会议，在镜头前要注意举止，表情自然、亲切。发言时，即使是看发言稿，也要注意适时面对镜头，不能一直盯着稿子念。还应控制语言的节奏，尽可能在声调上有抑、有扬。有外单位人员参加的线上会议，说话前应先做自我介绍。

视频会议，说话时适当配合手势，以增强感染力。但手势不能过多过杂，以免给人以手舞足蹈的感觉。他人说话时注意保持倾听的姿态，不做与会议无关的事，不要以为线上会议别人发现不了自己的分神分心。

参加视频会议，应坐有坐相，不要躺在座位上或趴在桌子上，不应有抖腿、抠鼻子等不雅举止。

线上会议不一定都是视频的形式。所以，是否打开视频应提前告知，好让他人做好相应准备。

## 公共交通：必须注意形象

有修养、有风度的商务人，即使在公共场合也应始终如一注意自己的形象。

**乘电梯礼仪**

公共场合乘电梯先下后上是必需的。和年长者、领导、客人同乘电梯时，如果是无人驾驶电梯，讲究先进后出。自己先进，以方便控制电梯，进去之后，按住开门按钮，等年长者、领导、客人进入后按关门按钮，然后再按楼层按钮；出去的时候是后出，按住开门按钮，请长者、领导或客人先出。如果是有人驾驶的电梯，要“后进后出”。

当电梯人数超载，自己又是最后进的人，应主动下来，陪同来访者同乘电梯时除外。当有人驾驶电梯时，应主动告诉目的楼层；乘坐自动电梯，拥挤且离电梯按钮较远时，应礼貌请人代按楼层按钮。快到目的楼层时，提前站在电梯门旁，不应等电梯门打开时再匆匆忙忙往外挤。

即使再拥挤，也应避免和异性面对面站立。

**坐小轿车礼仪**

陪客人、女士、长者乘同一辆轿车时，应协助他们上下车，并为其开车门。等客人坐好后关上门，主人再从左侧后门上车。

尽可能地少和司机说话，以保证他们能够集中精力开车。

乘车时，很多人只注意到了车内的卫生，而把吃完饭的餐盒、饮料瓶统统直接往车外扔，这种行为是很不道德的，也给后面的车造成安全隐患。

乘坐轿车上车时最忌讳头先钻进去，给人一种“狼狈逃窜”的感觉；下车时也忌讳先伸出头（如图 4–13 所示）。

图 4-13　上车不宜先钻头

## 乘火车礼仪

现在火车有城际列车、动车、高铁、快车等，无论是速度、环境、舒适度还是服务质量上，都比以前好很多，使得异地的交通往来上更加便捷而且几乎不晚点，很多商务人士喜欢选用火车这种交通工具了。

有序进入车厢找到自己的座位并放好行李。较大行李放在行李架上或车厢两头放行李箱的位置处，不应放在过道妨碍他人。

坐下时可以向旁边的乘客点头示意。如果对方没有想和你聊天的意思，不要再去打扰。

在座位上不要把脚放到对面座位靠背上，即使对面座位没有人，也要考虑你的脚味是否会影响前后座。

车厢里应自觉保持安静，不要大声聊天。有吸烟习惯的人，到列车的吸烟区或两节车厢间的过道去吸。对于全面禁烟的火车，只能忍了。

上下卧铺的时候，尽可能轻一点，不要影响他人休息。

播放音乐、电影，特别是休息时间播放时，应该戴上耳机。

餐车座位有限，为方便其他人就餐，应尽可能节省时间，用餐完毕即刻离开。

不随地吐痰，果皮纸屑、废弃物品统一放进垃圾袋。

对于列车员的查票、核对座位，重新摆放行李等要求，我们必须无条件服从、配合。

## 乘坐飞机礼仪

自从美国的“9·11”事件后，机场安检变得更加严格。国内航班现在一般提前2小时就开始办理登机手续，过时不候。所以应至少提前1小时到达机场，如果有液体物品或要办托运时，时间上还要提前一点。乘国际航班则还需再提前一些时间到机场，因为还有过海关的时间。现在可以通过手机APP软件提前选座位，又方便了很多。

登机后，要把随身携带的手提箱、衣物等整齐、安全地放进上方的行李舱中。起飞前空乘人员检查行李是否放好时，应积极配合。在座位上坐好后，系好安全带，等待起飞。可以向身边乘客点头示意，感觉对方没有想和你聊天的意思，点头示意之后就不要再打扰对方了。不想被干扰时，可以说：“对不起，我想休息一下。”

起飞前播放安全注意事项时，保持安静。即使你都知道了，或许还有其他想了解的乘客。

在飞机上要服从空乘人员的安排和指挥，不能无理取闹，更不应提出不合理要求。

机舱内通风不好，所以不要在登机前过多使用香水。

不要把乘务员当成私人保姆，也不要故意刁难。如果有意见，可以向航空公司有关部门投诉，不要在飞机上与乘务员大吵大闹，以免影响旅行安全，更影响自身形象。

飞机上两排座椅之间的距离通常比较狭窄，如果想把座椅靠背向后放下，先和后面的人打声招呼，看看后面的人是否方便。进餐时要将座椅靠背调直。

保持卫生间清洁。占用卫生间的时间不要过长，不要在卫生间内没完没了地梳妆。

坐头等舱，享受免费服务应适可而止，不要故意为难机组人员以炫耀特权。饮食上如有特殊要求，在预订座位时就应向航空公司说明。真正的成功者必是强者，真正的强者必是以尊重他人、理解他人为首要行为准则。我亲眼见过一位坐头等舱的人士，因为酒水免费，最后竟然喝高。这样的行为，不仅失态，更失尊严。

在飞机没有完全停稳前不要快速站起，这样很不安全，等信号灯熄灭后再解开安全带。

## 洗手间：最被忽视的失礼场所

说到洗手间礼仪，我相信很多人都对此嗤之以鼻：这样的场所能失什么礼呢？正是因为这样不起眼的场所，才能更加客观地体现出一个人文明程度的高低。

**有序使用**

国际上常用的洗手间标志有：WC、Toilet、Lavatory、Wash Room、Rest Room、Bath Room、Comfort Station。男洗手间标识有：Men's Room、Gentlemen、Gent's、Men 等。也有用烟斗、胡子、帽子、拐杖等图案来标示。

无论男士还是女士，在洗手间均被占用的情况下，后来者必须有序排队。来这个地方，大家都挺“着急”，没有理由让你插队。

在飞机、游览车、火车等交通工具上，洗手间不分男女，男女一起排队很正常，不必“女士优先”。

**顾及他人**

如果希望用到清洁的洗手间，必须从我做起。要知道，洗手间不是你独享，一定要照顾他人的感受。

洗手间最忌讳肮脏，所以在使用时请尽量小心，不要向墙面或地上吐痰。由你造成的污染应尽可能做好清洁。有些人如厕习惯不良，又不去善后，总使下一位使用者必须皱着眉头甚至心里不停咒骂着继续使用。每次用完后都要放水冲洗干净再走，手纸扔进纸篓，这是常识问题，不管有没有提醒告示。

开关洗手间门时，禁忌用脚踢。使用时锁门是必需的。锁门表示有人，在保护自己隐私的同时，也避免他人的尴尬。

有些人即使在洗手间遇到熟人也会热情地寒暄，甚至有时候还习惯性地问上一句：“吃了吗？”往往让对方点头、摇头都不是。洗手间是应急的地方，不是交际场合，所以不必讲过多客套话（如图 4–14 所示）。

**讲究卫生**

洗完手，洗手台旁如有擦手纸和吹手机，一般习惯先用擦手纸擦干手，用完的纸扔进垃圾桶后再用吹手机把手吹干。没有擦手纸时，直接把湿手放在烘手机下烘干。还应该把被自己弄湿的洗手池

图 4-14　卫生间不宜讲过多客套话

台面也擦一下。

若没有烘手机，不能洗完手后一边走路一边甩动双手，甚至把水甩到他人身上。若甩动双手将地板弄湿，在湿的地板上踩进踩出，地板很容易变脏、变滑。有人倒是不挥动双手甩水，觉得将水甩到他人身上太失礼，于是把湿湿的双手直接按在自己裤子的臀部位置，这样手是干了，前面的人也看不到什么，但问题是他后面的人，一眼就看到臀部两个“显赫”的手印，真是“顾头不顾腚”了。

## 酒店住宿：享受服务也需懂得尊重

### 选择酒店

选择商务酒店，无非考虑两个因素：一是位置；二是价格。要挑选交通便利的、安静的、离自己目的地近一点、离自己选择的交通方式比如机场或火车站近一点，还要将成本控制在规定之内并尽可能住得像样一点，不能为图省钱去住小旅馆而影响形象，也有安全隐患。旅游旺季，特别是去旅游热点城市，提前预订酒店是最保险的办法。

现在很多平台都可以订酒店。如直接联系酒店进行电话预订，应说清楚哪天入住、住几天、什么标准的房间及入住者姓名、电话，到达酒店的具体时间。

还要注意看房型有无窗户、是否包含早餐等信息。

不管是通过网络平台预订还是直接电话联系预订，都要清楚最晚能预留到什么时间、最迟什么时候可以免费取消。万一到达时间比预订的晚，为避免被取消预订，就要尽快用电话通知酒店。另外，因故不要所订房间，电话预订的，应及时电话告知酒店。

进入酒店后，不管是协助开门或协助搬运行李的门童，还是办理入住的前台，都应礼貌致谢。

**客房礼仪**

入住后，马上察看房间内的设施能否正常使用，有问题马上联系前台，以便处理。同时关注一下安全出口，这是经常出差的商务人应该养成的习惯。

不同的酒店，设施设备使用方式不一定相同。有不会操作的地方随时询问服务员，鼎力相助是他们的工作职责。

房间内除洗漱用品之外，还有其他物品，有的是收费的，一般酒店都会明确标注，分不清楚时可以问服务员。

客房并不是你的私有财产，所以对待租用的房间应有一个起码的文明问题。随地吐痰、墙上乱画、弄脏家具表层、用完卫生间不清理、废弃物乱扔，这些都是不讲究公德的行为。有这样的不雅举止，很难说你的人品和修养有多好。

酒店里，包括房间内，最好不要吸烟。明文规定禁止吸烟的公共场所，更要自觉遵守。不要将个人衣服悬挂在临街窗户外、阳台上。

服务员打扫房间的时候，主动配合虽然不是义务，但却是风度。打扫完毕礼貌致谢。

酒店是休息的场所，所以保持安静是基本要求。即使在自己房间里，也应当保持安静，不制造与周围环境不和谐的噪声。休息的时候不想被打扰，可以在门外悬挂“请勿打扰”的牌子。进出房间时随手关门，不要开门展览。对其他开着门的房间，避免有窥视的举止嫌疑。

不提倡在自己房间里接待来访者，应该在酒店前厅或咖啡厅。在客房里接待来访者时间不宜过久，一般不应超过 23 点。

**公共场所**

酒店内自己所遇到的一切人，都应以礼相待。当门童为自己开启大门，或向自己问好时，应表示感谢或予以回应。酒店保安因职责所在，碰上对方打量或盘问时，应予以理解，不应怒目而视或口有微词甚至拒绝合作。通过走廊、进入电梯或接受酒店提供的各项服务时，礼让他人同样是有风度的表现。

在自己的客房内，关上房门之后，怎么穿都无所谓。但在酒店的大厅和餐厅等公共场所，必须穿着得体，这是事关修养的问题了。

刘经理出差回来，中午刚到单位，下午就来酒店看望昨天傍晚刚入住该酒店 902 房间的合作方沈经理，准备第二天再到单位正式洽谈。半小时后，刘经理离开沈经理房间，等电梯时听到电梯间边上的服务员工作间，两位服务员在嘀咕。一位说“902的客人，今天上午又开着门，穿了条内裤。昨晚就这样，也不关门。”“是啊！王姐说早上打扫房间，这位客人就特别不礼貌，而且烟灰弄得床上、地上、桌上哪儿都是。”“哎！外表看起来挺好，怎么就这素质……”

刘经理听后思考了良久，又结合双方所谈的项目内容，权衡再三，最终选择了与其他单位合作。

**离店礼仪**

了解清楚该酒店退房时间，不要想当然认为都是中午12点，有时还可以同酒店前台协商，延迟到下午1点或2点退房。

退房时检查是否遗忘物品，尤其是床头和枕边。一次性洗发膏、牙刷、肥皂、信封、信纸可以带走，但别想当然地认为可以从酒店拿走毛巾、睡衣或其他物品，酒店对物品的管理非常严格，这会导致令你尴尬的局面。想要些纪念品的话，可以到酒店的商店看看。

不小心损坏了酒店的物品，不应隐瞒抵赖，应有风度地承担责任并相应地予以赔偿。

## 吸烟：他人同意就礼貌吗

《扬子晚报》前几年的一篇报道称：在商场影院内吸烟者，将一律拘留 5 天。

可能是职业的原因，我需要时时注意保护嗓子，而且本身对烟味也很敏感，所以非常反感他人在自己面前抽烟。初看到这条新闻，让我好一阵高兴。公共场所禁止吸烟，不仅要靠公德约束，更要动真格了！

**禁烟场所**

现在全世界通行的得体做法是：有不吸烟群体，特别是女士、儿童在场时，都不要吸烟。这时候即使征询意见，也显得失礼；非吸不可时，就去指定的吸烟区。

在一切有他人在场的公共场合、人流比较集中的地方，都不应吸烟；遇有“禁止吸烟”提示牌的地方，不管有没有人都不应吸烟。在比较正式的典礼或是严肃场合，如法庭上、教堂内、寺庙里不应吸烟；在演讲、谈判和工作时一般也不能吸烟；在医院内禁忌吸烟，看望患者，即使在室外，也不应吸烟；跳舞时不能吸烟；拜访亲友或他人时，如果主人不吸烟，客人最好能“客随主便”，如冒昧询问，按照我们中国人的习惯，一般都不好意思驳客人的面子，所以这种情况下的询问就是在强人所难。

在影剧院里、有空调的房间里、没有烟灰缸的房间里、洗手间内，及文艺演出、音乐会现场等，都不能吸烟。

如果对方不吸烟，而向你让烟，你可以接受但不应吸。

年轻人在长者、长辈面前，如果长者、长辈不吸烟，自己最好不吸。

即使是允许吸烟的地方，如有咳嗽者、呼吸道不适者、生病者，都应立即熄掉烟。

在高铁上，即使在卫生间也同样禁止吸烟。

**敬烟和点烟**

根据我们中国人的习惯，主动向他人敬烟是尊重和友好的表示。一般来说，主人应主动向有吸烟习惯的客人、朋友和熟人敬烟，以示友好。敬烟方式一般是递上烟盒让对方自取。敬烟也讲礼尚往来，接受了他人的烟要记得回敬。多次接受他人的敬烟但没有及时回敬对方，是非常失礼的。

如果长者、长辈、身份高者吸烟，自己又处于客人的地位，可以先敬烟，待为长者、长辈或身份高者点燃后自己再吸烟。向尊长敬烟要用双手奉上，对尊长递过来的烟要双手接过。

吸烟应自带香烟和打火机（火柴）。打火机应有精美的外形，虽然不一定非得讲究几千元的奢侈级品牌，但至少一次性打火机不宜出现在商务人士的口袋里。

点烟时，先点客人、身份高者。西方习惯是一次不点三个人的烟，现在也有不少人有同样禁忌。所以你给多人点烟时，可以每点两个人熄掉火再重新点。特别是用火机时，点之前注意把火停到合适的大小，以免点烟时因火太大烧着对方。

擦火柴时不要朝着他人，且在点烟后先吹灭，再丢入烟灰缸。

### 不吸烟的时机

和他人谈话，不要把烟含在嘴里。和他人谈话或握手时，把烟拿在没有妨碍的手上；切忌朝他人吐烟圈。

在需要脱帽、鞠躬，或介绍、打招呼、告别的时候，应先把叼着的香烟拿下来，否则是对他人的不尊重。在走廊里或街上行走，不要边走边吸烟。

婚礼上，对新郎或新娘敬的烟不能不接，即使不会吸烟，也要拿过来，待人家应酬他人时再熄掉。拒不接烟，会使人扫兴，同喜庆气氛不协调。

进入会客室、餐厅前应把烟掐灭。

不要随地乱扔烟头，应把烟头熄火后放在烟灰缸或垃圾箱里。

宴会当中在餐桌上不吸烟。中式宴会一般送来水果、甜汤后才能拿出烟来，西式宴会要喝过咖啡后才可以抽烟。

自己不吸烟，当他人吸时，没有必要当众露出厌恶的神色。如对烟敏感，征询意见时，就应说出你的感受，或自己选择去其他地方。那种嘴上说“没关系”，然后表情上体现出厌恶的样子，只能让人感觉你比吸烟者更不礼貌。

## 书面信函礼仪

这里介绍的书面信函特指纸质信函，包括常用的普通信函、商务请柬、邀请函、祝贺函四种。

**普通信函**

现在很多人对普通信函的处理就像便笺一样简单，显得多少有些失礼。

内容抬头。即对收件人的称呼，商务信函的抬头可以是姓氏加“先生”“女士”这样的泛尊称；对方有职务，应是姓氏加职务；对于文人雅士可以字、号相称。称呼之前加一些适当的形容词，如“尊敬的”“敬爱的”等；称呼之后也可加提称词，以示尊敬和抬举（提称词多用于以书面语言写成的信函）。如对尊长用“尊鉴”“赐鉴”，对平辈应用“惠鉴”“台鉴”，对政界用“钧鉴”“勋鉴”，对女士应用“淑鉴”“懿鉴”（年高者），等等。

启词。启词是正文前的开场白，既表示客气寒暄，也提示写信原因。商务信函启词要简短。

正文。正文力求简明扼要，语言要求平实朴素但不失礼貌优雅。

祝词。祝词是在信结尾向收信者所表达的祝愿、钦敬、勉慰，包括两部分内容：一是应酬语，即信结尾用一两句话结束正文的语句，也可以同时用敬语，以示谦恭，如“草此”“肃此”“敬此”等。二是问候祝福语，即对收信人不可缺少的祝颂或问候。如“敬颂春安”“即颂大安”“祝您成功”等。如果祝词较多，可以单独成行，空两格后书写。也可以把祝词分成两部分书写：一是把“敬颂”“敬请”一类词单独成行，前空四格，而将“春祺”“大安”一类词另行顶格写；二是把“敬请”“敬颂”一类词置于正文末句之后，不另行书写，而把“大安”“春祺”一类词另起一行顶格写。

落款。落款的日期可以写在署名之后，只空一格；也可以另起一行，写在署名的正下方。

附言。附言是对正文的补充，往往以“又”“另”一类词引出，或不写引出词，而以“又及”“再及”一类词结束。附言在署名和日期之后另起一行空两格书写，且不必分段。附言必须简洁，不应再另附纸。

托代信函。在托人代交的信封上，信封左上角可视具体情况写上“专送”“面交”等字样。收信者地址、姓名写法不变。如托代人知道收信者地址，可以不写地址而只写姓名。信封右下角一般只注明写信者姓名，不必写其地址。

**商务请柬**

商务请柬，也叫商务请帖。是举行活动时，为表示对客人的尊重和邀请者的郑重态度，专门发出的邀请文书。

请柬的内容由标题、正文、结尾、落款和时间五部分组成。标题写在封面上，如“请柬”“请帖”。

正文是请柬的主体，要写明受邀请人的姓名，拟举行的活动名称，活动的时间、地点及注意事项等。做到用词准确、精练、恳切、得体。

结尾处空两格写上“敬请”“恭候”等字样，再另起一行写上

“光临”“莅临”字样。落款写在下方，由发柬者署名，再另起一行注明日期。

请柬写好后，一般应在活动前半个月至一个月之间发出，以便受邀者安排时间。

请柬例文如下：

尊敬的 ×× 先生：

敝公司定于 ×××× 年 ×× 月 ×× 日至 ×× 月 ×× 日 8:00~17:00 在 ×× 会展中心 ×× 大厅举办 ×× 贸易洽谈会。□□恭候光临

×× 公司

×××× 年 ×× 月 ×× 日

**邀请函**

邀请函是郑重邀请他人参加重大会议、重要仪典及纪念性活动而发出的书面请约信。印在“请柬”材料上的、文字简练的邀请函，也就是商务请柬。

邀请函的结构、写法类似公函。包括标题、称谓、正文、敬语及落款五部分。

标题。一般只写“邀请函”，字号比通常标题略大一些。有时也可以加“事由”，如“关于参加《风度何来》出版研讨会的邀请函”。

称谓。是对邀请对象的称呼，写明对方姓名、职务、职称、学

衔。也可以用“同志”“先生、女士”称呼，还可以加上“尊敬的”之类敬语。

正文。这是邀请函的主体，应写明邀请的主要内容，包括参加活动的时间、地点及简单提示。有较为详细出席说明的，通常要另附纸说明，避免邀请函写得过长。

敬语。末尾用“敬请光临”“敬请光临指导”“请届时出席”之类的敬语。有些邀请函可以用“此致敬礼”“顺致节日问候”等敬语。

落款。落款写明发文单位及时间，正式邀请函要加盖公章。邀请函例文如下：

**邀请函**

尊敬的 ××× 先生：

中华 ××× 会等国内多家公益民间机构与国际慈善基金会共同发起的“跨国公司与公益事业高级论坛”（以下简称论坛）将于 ×××× 年 ×× 月 ×× 日在上海隆重举行。

此次论坛由高级论坛和公益项目展示会两部分组成。高级论坛主要包括：中国公益事业的现状、机遇和挑战；跨国公司在现代公益事业中的作用、责任和地位；跨国公司和公益机构之间的合作关系及公益机构管理能力的评估机制。

随着中国加入世界贸易组织，特别是在国家全面建设小康社会、完善社会经济改革的方针指引下，此次论坛的召开将为促进跨国公司和中国公益事业的合作发展提供新的契机。我深信，此次论坛将为您提供一次良好的机会来进一步了解中国公益事业的现状、机遇及其面临的挑战；并通过各方的广泛接触和交流，促进双方伙伴关系及合作机制的建立。

参加此次论坛的代表将来自多个部门，约有国内外跨国公司代表400名，公益民间机构代表200名，研究部门及相关机构知名人士等150名。届时将有政府及主管部门领导莅临大会。

在此，我诚挚地邀请您及贵单位参加此次论坛，并真诚地期望您为中国公益这一崇高的事业做出新的贡献！

期待着您的积极参与！

××× 
论坛筹委会主任 
中华××会会长 
××××年××月××日

**祝贺函**

祝贺函也就是贺信。祝贺函要求简短，内容主要有称呼、为何事致贺、事件的背景意义及展望、结尾、表示祝贺、落款。

祝贺函例文如下：

## 祝贺函

××房地产公司全体职工：

喜闻10月1日是贵公司成立十周年纪念日，谨此表示热烈祝贺！十年来，贵公司全体职工发扬艰苦创业、自力更生、增产节约、多做贡献的可贵精神，不仅为我市建成了大批优质高档住宅小区，而且培养了大批房地产专业技术人才，支援了兄弟单位。十年来，贵公司在技术力量方面，给我公司以无私的帮助和支援。为此我们表示衷心的感谢，并决心以实际行动向贵公司全体职工学习，努力钻研技术，提高产品质量，为达到同行业的先进水平而努力。

最后，祝贵公司全体职工在新一年的项目开发中取得更大的成绩。

××公司

××××年××月×日

## 小提示大道理

在入住的酒店和他人会面，即使是对方安排订的酒店，这时我们也是主人。所以在我们入住的酒店里，不管是会面时的位次还是见面道别的握手顺序问题，都务必要注意自己是主人的身份。

# 第五课

# 沟通使交往更从容

THE

FIFTH LESSON

## 他山之石

某君请客。来者有先后，他看有几位客人还没到，自言自语道："该来的怎么还不来呢？"已来的客人听了心想："我们都是不该来的了。"于是有一半悄悄走了。

他一看有客人走了，焦急地说："嘿！不该走的倒走了！"剩下的人一听：哦，已走的是不该走的，那么该走的就是我们了！于是又有2/3的人离开了。

一见又有不少客人不辞而别，这人急得直拍大腿连连说："这、这，我说的不是他们。"

剩下的客人一听，心想："那就是说我们了。"于是也都拍腿起身告辞了。

所谓"言者无意，听者有心"，我们在商务往来中，必须注意沟通。沟通就像中医经络理论所说"通则不痛，痛则不通"。有效沟通是成功交际的基本保证。沟通顺畅，则关系和谐、工作高效、达成合作；不善沟通，人际关系就很容易出现问题。

俗话说“三寸不烂之舌，可敌百万雄师”。我们不一定都能做到巧舌如簧、能言善辩，也不必非得“敌百万雄师”。但却可以通过熟悉沟通规律，掌握沟通技巧，使我们的内外交往更加从容、高效。

## 沟通注意因人而异

选择怎样的话题，是事关双方能否良好交谈的重要前提。言为心声，语为人镜。商务交往中，“到什么山唱什么歌”，根据不同的交往对象，选择合适的话题才是有效的沟通方式。

### 沟通要有寒暄

不管和什么人沟通，都应有一个寒暄暖场。这部分的具体内容已在“第四课”做了专门的介绍，此处不再赘述。

### 沟通因人而异

需要特别注意的是，商务沟通应因人而异，所谓“到什么山唱什么歌、见什么人说什么话”。不同的人，有不同的身份立场、教育背景、成长环境、性格喜好及本次沟通的结果期待。比如当我面对企业办公行政人员、领导层、市场营销人员、商务车驾驶员、医院医护人员……不同的群体必须有不一样的培训内容。商务往来的沟通也是一样的道理，沟通因人而异无疑会有更好效果，而不是和所有人的沟通都死守固定套路。

这就需要对对方提前了解或见面后的现场判断，并不断调整。当对方是个特别严谨的人，我们的沟通就应少一些“或许”“大概”这样的话；对方是繁忙的单位一把手，就少在旁枝末节上转悠，对方兴趣点不在这儿；对方问了几个问题，那么沟通应围绕其所问问题展开；对方很忙，沟通应是直奔主题式，并适当留一点悬念待下次再继续；脾气暴躁的人，往往直来直去，或许语气让人不舒服，但并不表示对方真的不礼貌。围绕对方关注点来沟通，不啰唆，同时避免模棱两可的话，多一点耐心；与话少的人沟通，语速不要快，过程中注意停顿，多一点微笑眼神关注对方，且多以请教的方式“您觉得怎么样”“对吧”等，以引导对方参与；对于表达欲望强的人，适当多一点倾听，表达出自己积极倾听的姿势，在对方一句话说完并暂停时，自己再表达，以“是啊……我有同感……我的看法是……我是这么想的……”等开头。

商务往来中，沟通要因人而异，而不是让对方只能尴尬地听，接上不话，对沟通无感。只有因人而异的、和谐的沟通，才能达到沟通的目的：增进双方的了解、拉近双方的关系。

来自《北晚在线》2019 年 3 月 26 日的消息：北京海淀警方用很短的时间破获了一起持刀抢劫出租车案，并抓获犯罪嫌疑人张某。

张某近期由于债务缠身而心生歹念，在第一辆出租车上只抢到300余元现金，后心有不甘，遂多次打车准备实施抢劫。重点来了——他先后换了四辆出租车，上车后都和出租车司机交流非常投机……不忍实施抢劫！均未下手，最终，还都结账下车……结……账……下……车……

即使有作案动机的人，通过投机的沟通，都可以反转结局，何况我们平时的商务往来呢！

**注意沟通场景**

会场上。当然只说和会议主题相关的内容，要求精练，即使适当引申，也必须注意控制时间，引申只为说明主题。同时会场上不应直接粗暴否定他人意见，即使认为对方的观点不合理，也应保持基本礼貌，对事不对人，至少先一定程度上肯定再间接否定。

汇报工作时。事先做好事项梳理，根据汇报主题有条理地分列开；对于还不清楚的就提前做好调研，不能把问题简单地踢给领导。汇报时做到简明扼要，旁枝末节没必要在汇报中主动提。而当领导正忙，即使让你汇报，也应注意做到提纲挈领式地汇报各项重点。汇报中，报喜的同时也不避忧。

有第三方在场时。这时同事间必须注意相互圆场，不可以相互说气话、带刺话而产生难堪。同事明显有情绪时，这时和他们说话就应注意语气，无关紧要的事情可以先不沟通。即使对方说话带有情绪，这时也没必要针锋相对，而要以大局为重。

一对多沟通时。这种沟通场景下，注意找到对方的意见领袖，即哪一位提出关键问题、主导话题？哪一位身份最高？这样的人应是这个场景下的主要沟通对象，同时兼顾其他人。不必想与对方每一位都沟通得一样好，既没必要也不实际。

双方多人沟通时。这时不仅是双方主要代表之间的沟通，其他人也有参与的责任。特别是发生冷场时，其他人有救场的责任；沟通中其他人应该积极配合，比如微笑环视对方，不时点头。当己方说的内容不全时，再适机补充。不插话、不打断他人的说话。

沟通发生冷场时。这时候要避免的是不能长时间的沉默。可以提议先休息一会儿再继续；或者开个适当的玩笑，让大家放松心情，也就能继续开始了；或者建议继续后面的话题，等大家都放松时再转回这个话题；也可以借用寒暄的内容和方式，聊一会儿其他内容，比如可以说：大家休息一会儿再聊吧。

沟通遭到误解时。这些情况都是经常遇到的事，谁都不是圣人，不可能对每一次沟通的内容都能及时了解，或许是主观原因，或许是客观原因，或许是对方有其他目的而故意为之。作为主动沟通者，实在没有必要报之以“摔门”“甩脸”，而是需要理性、礼貌对待，表现出你的专业和素养就好了。

**注意语言技巧**

知道对方的姓氏、职务，沟通中要随时运用，不时称呼，既表达一种尊重，又在潜意识里使对方集中注意力。

注意措辞委婉、贴切、得体，尽可能把“硬邦邦”、不中听的话，说得委婉得体、中听。比如在建议、要求或者有求于人时，应该多用祈使的语气，让对方从情感上、心理上觉得他是重要的、占主动地位的，“明天下午材料发给你”和“材料我们最迟明天下午就发给您，好吗？”这两句话基本意思一样，但从感情色彩、心理接受度上却完全不同。

注意措辞、语气，学会换位思考，避免说容易让人误解的话。所谓“话里有话，弦外有音”，就像本课开头所举的例子。造成他人的误读，可能是措辞不当，说了不该说的；可能是举例不当，论证有明显漏洞；甚至是语气和语调不当，同样也能有截然不同的意思。最简单的避免方式，是慎重批评第三方；赞扬第三方时也要注意，对方在这方面是否做得一样好，或和他没有任何关联，否则也要慎重赞扬。

某演员获得第十届首尔电视节亚洲之星演员奖，其在发表获奖感言时说：“作为一个中国内地的演员，我觉得文化的交流比奖项更为重要，有一句古话，师夷长技以制夷，我希望中国的电视剧文化能够引领亚洲。”一句“师夷长技以制夷”引发争议。大多数网友认为去别人地盘说“制夷”很不合适，显得“没文化”“不礼貌”。

多听对方说。多听少说，是沟通之道。让对方多说，是在满足对方的倾诉欲望，也能在听的过程中发现更多信息，同时也能减少自己的口误，特别是对当前话题不太有把握、不太了解时。

## 适当赞美是沟通良药

我经常向学员推荐“赞美法则”，这确实是行之有效的交际艺术。适当的赞美，是对他人的欣赏、认可、鼓励、信任。人们都习惯性地看到自己的优点、他人的不足。赞美，其实是以一种对待自己的心态来和他人交往，这就是职场中的“知己”。商务往来中，面对这样对人如己者，回报的必然是真诚和友善。

美国哲学家、心理学家威廉·詹姆斯认为：人类本性上最深的企图之一是期望被赞美、钦佩、尊重。

赞美是一门学问，更是交际的润滑剂。交往中，恰当地送上赞美、给他人戴上一顶“高帽子”，能有效地缩短双方心理和情感上的距离感，从而获得好人缘。

《西游记》中，经常有施主说唐僧三个徒弟“相貌丑陋”。每当这时，调皮的孙悟空甚至上去再抓耳挠腮地吓唬一番。而当取经回来，见到唐朝皇帝时，皇帝则说“三位高徒，相貌不凡”，于是相谈甚欢。

试想：同事之间，当你对他说“这项工作，没有你是不行的”，他会怎么想？会觉得你不值得交往，还是觉得你心中有他、在意他，认可他的能力？在今后的工作中，肯定会更愿意与你合作。而对于商务伙伴之间，你当着他人的面赞美他“这位就是我和你提过的 ××，他可是这方面名副其实的专业人士……”不言而喻，你们的交往肯定从愉快中开始。

可见，赞美确实是一门学问，是正确处理人际关系的一条重要而实用的法则。

然而，戴“高帽”也不是轻而易举的事。怎样赞美才不会被认为是阿谀、谄媚呢？

赞美应有依据。不实的赞美等于用伪币行贿，而真诚的赞美才是无本的投资，存的人情账户。如果无根无据、虚情假意地赞美，不仅让人觉得莫名其妙，更会觉得你油嘴滑舌、诡诈虚伪。对方是一位有明显相貌缺陷的女士，你偏要夸她“真漂亮”会让对方有不适感；而如果着眼于她的服饰、谈吐、举止，发现她这些方面的出众之处并赞美，她一定会欣然接受。很多客户单位介绍我的时候，都说“靳斓老师，上过央视的，还出版了几十本书”，我知道这也是一种赞美，让人心情愉悦的赞美。

赞美应有独到之处。赞美是人们经常使用的，针对某个特定的人，可能有一些赞美是他经常听到的。这些赞美往往是针对他最突出、最明显的特点，如看起来很年轻、外表漂亮等。这些赞美之词，对他而言可能习以为常了，再听到同样的赞美，效果自然会一般。如果想把赞美的效果推向极致，就应尽可能使赞美新颖些，和对方经常听到的有所不同。比如，赞美对方的容貌，不如赞美对方的能力和品质更显得有深度。

赞美选准时机适可而止。一段时间内，对同一个人的赞美次数越多，其效果也逐渐递减。如果不停赞美，只会让人觉得肉麻，难免会被误解为献媚。也就是说，要慎重赞美、注意频率。

赞美要具体细致。抽象的东西往往不具体，难以给人留下深刻印象。称赞一个初次见面的人“你给我们的印象真好”或者“您真专业”，这样的话多少有繁衍、客套话的感觉，因为这个内容说谁都可以；但如果称赞“在如此短的时间内就做出了这么详细的方案，还有细节说明，真够专业”，这样挖掘出对方确实存在的优点，自然能增加对方的价值感和自豪感，其无疑更会对你产生好印象，认为不仅友好，而且很关注他，同样也会认可你观察的细致和见解的到位。

间接赞美效果好。也就是在背后称赞人，通过其他人不经意地传过去。这种赞美让人觉得很真诚、真实。

电影《钓鱼迷日记15》中，铃木建设社长铃木老先生去职员鲤鱼太郎家串门，看到他在写经营咨询专家让填写的“职业计划”答卷。铃木不屑地说：“那种东西怎么写都行。”还说经营咨询是：“靠吃别人公司生活的一群坏家伙。”交谈中，当鲤鱼太郎提到自己无意中碰到“坏家伙之一”的早川小姐时说：“早川小姐说您是位合格的经营者……说在泡沫经济的时候铃木先生怎样救了铃木建设，还说铃木先生是他所见过最优秀的社长之一……”一席话，铃木已转过身子孩子般偷偷地笑了。而当鲤鱼太郎说早川讲得太夸张时，铃木马上严肃地说：“没有的事！我一直认为她是一位拥有敏锐眼光的人才。”临走时郑重要求：“这个答卷呐，你要好好填写！”

可见，本来对经营咨询者非常反感的社长，在听到间接送来的赞美时，态度马上来了个 180° 的大转弯。这就是间接赞美的魅力。

间接赞美，也包括借用第三者的口吻，以“第三者”的口吻来赞美对方，说：“难怪某某一直说您在本领域相当专业，今天一见……”可想而知，对方当然非常高兴（如图 5-1 所示）。

## 幽默会使沟通更加融洽

美国麦克阿瑟将军为他儿子所写的祈祷文中，除了求神赐给他儿子“坚强勇敢、心地善良、认清事实、接受磨炼”等外，还祈求上苍给他“充分的幽默感”。

幽默一直被称为“只有聪明人才能驾驭的语言艺术”，总是于诙谐、乐观健康、情调高雅的言语中蕴含着真理，体现着一种真善美。一个有风度的商务人，大多掌握了幽默的方法，以让自己更有深度，在尴尬中显得镇静、欢乐时显得含蓄、讽刺时不失礼数。

图 5-1　间接赞美效果好

## 幽默的几种方法

用双关法。双关，就是主要用中国语言中同音字多的特点来表达的。同一个音节可以表示不同的词，而同一个词也可以表示不同的意义，利用这种词的同音或多义的条件，使一句话同时带有字面意思和字外意思，就是双关。这种方法使用频率非常高。

用曲解法。就是故意歪曲对方话语或事物的本意，或者故意装作听不清而回答，或者根据对方说话的不严谨来回答非本意的内容，就是曲解。它常常利用词语的多义、同形、谐音、同音等条件构成。

刘主任陪客户吃饭。他们在餐厅等了很久，看到其他桌的客人吃得津津有味，只有他们一直没人理睬。刘主任便举手示意，服务员过来后，他问："对不起！请问，刚才是不是把我们安排到观众席来了？"服务员赶紧表示歉意，很快就给他们上了菜。

用岔断法。一般情况下，我们根据1后面有2，2后面有3，于是就习惯性地推断3后面有4。但这时却突然发生变化，3后面没有出现4，而是出现了与之不同但又有关联的A，使人们的心理期待突然扑空了。这就是根据语言的逻辑不按常规发展而突然中断，出现一个出人意料的结局，而产生幽默的"笑果"。

某喜剧演员有个关于比枪法的经典小品，就是用岔断法达到了喜剧效果。ABC三人比枪法，A在一人头上放了颗葡萄，枪声过后，葡萄被打得稀巴烂，A 镇静地吹一下枪口说："I'm 佐罗。"B 在那人头上放了个苹果，枪声过后，B 把苹果打了稀巴烂，他也镇静地吹一下枪口说："I'm 邦德。"C 放了个西瓜在那人头上，瞄了一小时后，只听啪一声枪响，那人脑袋被打烂，C 镇静地吹一下枪口说："I'm sorry！"

用反语法。正话反说，或反话正说，用和词语本义相反的话来表达本义的方法。其特点是：说话时表面是一种意思，而实际所要表达的却是另外一种完全相反的意思。

用夸张法。主要是指语言上的夸张，达到让人觉得好笑的结果。喜剧影视作品以及相声作品中，经常喜欢用语言上的夸张法，以达到幽默效果。

用讳言回答法。商务工作中，难免会遇到一些难以回答或不愿回答的问题，但出言不逊或无言以对，又会有损形象，于是借用讳言表达，既幽默风趣，又得体有效。

在一次记者招待会上，一名记者问美国总统罗斯福一个保密的问题，总统听了之后就问记者："能不能给我保密？"记者以为罗斯福要告诉他，立即回答："能！"罗斯福马上慢条斯理地说："那我也能保密。"

用寓庄于谐法。用诙谐幽默的语言来说明事理，使人在轻松和愉悦中感受深刻的蕴含。寓庄于谐的方法很多，可以用修辞学上的对比、双关、比喻、借代等，也可以用颠倒逻辑的方法叙述某件事情，或者故意用似是而非的非理性形式表达出一种深思熟虑的理性内容。

**幽默的注意事项**

内容不要低俗。幽默的内容体现了幽默者的思想情趣和文化修养。学会幽默，不是以说黄段子为能。如果幽默内容粗俗或不雅，即使也能博人一笑，但过后就容易让人感到乏味无聊甚至反感。只有内容健康、有一定格调的幽默，商务交往中才能给人以启迪和精神享受，而且也是对自己美好形象的成功塑造。

态度要友善。幽默的过程，是情感互相交流传递的过程。那种对他人冷嘲热讽、发泄内心厌恶和不满情感的，不能称为幽默。也许有些人不如你口齿伶俐，这时表面占了上风，但面对这样的“幽默”留给他人的只能是不讲情面、吹毛求疵的坏印象。所以幽默要从友善的角度出发，既调节了气氛，又体现出风度和善意。

英国戏剧家萧伯纳堪称幽默大师。一天，年迈的萧伯纳在街头被一辆自行车撞倒，虽然没有发生可怕事故，毕竟这一惊非同小可。骑车者立即扶起萧伯纳，并诚恳道歉。萧伯纳却打断他的话说：“不，先生，你比我更不幸。要是你再加点劲，那就可以作为撞死萧伯纳的好汉而垂名青史啦！”萧伯纳这句友善的戏言，使本来紧张的气氛顿时消失了。

要注意场合。在非常庄重、严肃的场合，幽默一定要注意分寸，否则会引起他人的反感甚至招来麻烦。

美国总统里根一次在国会开会前，为了试试麦克风是否好用，张口便道：“先生女士们请注意，五分钟之后，我们将对苏联进行轰炸。”一语既出，众皆哗然。显然，里根在不恰当的场合和时间里，开了一个极为荒唐的玩笑。

因人而异。有些人因为身份、性格或当时的心情原因，对幽默的承受力也不同。同样的幽默内容，两个人可能会有截然不同的反应。一般来说，晚辈对长辈、下级对上级、男士对女士，要慎重使用幽默。即使同辈之间，如果对方性格内向，喜欢琢磨言外之意，幽默也要慎重。或者即使平时性格开朗，但恰好碰上不愉快的事，也不能随便与之幽默。

把握“度”。幽默不是低俗的恶搞，选取幽默素材一定要恰当，不能用低俗的笑料、没有尺度的玩笑、恶意的模仿、嘲笑弱者来表达你的幽默感。和商务伙伴之间，一定要注意避免有关女性、宗教、种族、政治、男女关系、对方所在行业不光明的前景及其他可能会引起他人不快的素材。

在 2016 年台湾省的金曲奖颁奖礼上，主持人小 S 在现场大开苏打绿主唱吴青峰的玩笑，并不断喊“峰姐”，导致对方作势要离开，并引发争议。随后，小S与蔡康永双双发文道歉，蔡康永表示：“金曲奖颁奖时开了不正确的玩笑，当时是我陪小S一起犯的错，所以道歉也应该一起道歉。”事后，吴青峰在网上也对此事做出回应：“我们够熟，我们心里都知道这就是一个玩笑，我当然不会真的在意或怎么样。”但他认为往往一些不小心，就可能演变成一场欺凌，所以三人的确做了不好示范，他特别提醒大家：“不要因为我不在乎由他们来开这个玩笑，你就觉得可以去这样对待你身边的人！”

## 积极倾听使沟通更高效

华建斌一直是公司的销售冠军，他从不像其他销售员那样疯狂地拜访客户，但客户却源源不断。年末，公司举办酒会，不少客户都带了朋友参加。华建斌被他的客户介绍给了一位雍容华贵的女士。很快，华建斌就和这位女士谈得非常投机。那位女士一直在说，而华建斌好像一句话也没说，只是有时笑一笑、点一点头，仅此而已。一小时后，华建斌送女士离开。第二天，他接到了女士的电话，说对他们的产品非常感兴趣，改天再聊聊。

华建斌说，他事先听客户说要带来的这位朋友常去夏威夷旅游。酒会上见面后，华建斌说：“您的皮肤晒得真漂亮，在冬天也这么漂亮。您是怎么做到的，您去哪里了呢？三亚还是夏威夷？”她说是夏威夷，夏威夷永远风景如画。华建斌说：“真不错！看来夏威夷的确是度假天堂啊。”于是晚上60分钟的时间，这位女士都兴奋地谈着夏威夷。看出华建斌的秘诀了吗？很简单，只是倾听而已。

倾听，是商务沟通中最强有力的一环。善于说是一种天性，而认真倾听则是一种修养和策略，是成功交谈的要诀，能创造一种和对方心理交融的谈话气氛。在商务场合，一个聚精会神的听众往往比一个慷慨激昂的演说家更受欢迎，他会使说话者感觉自己很重要。学会倾听，是突破交往障碍的一个有效行为；学会倾听，对方才有兴趣说得更多，才能了解到对方更多真正的想法，才更利于双方的交往，为自己赢得更多人脉。如何让倾听达到最佳的效果呢？

摒弃不良习惯。听得越多，才能越懂得他人想要表达的内容，才能理解得越清楚、越深刻。在这一过程中必须保持灵敏、主动，克服不良的倾听习惯。比如只听你希望听到的、自己感兴趣的内容，这时的表情仪态都很积极；而对不感兴趣的内容，明显表现出思想分神、两眼发呆、仪态困倦，等等。

专注。专注的神情是认真倾听的基本表现。谈话的时候多和对方目光交流，还可以通过点头、微笑及其他身体语言的运用，并发出“是”“对”“哦”等应答，让对方体会到你的专注。对外界造成的种种负面干扰，尽量做到视而不见、听而不闻。主观上产生的心理干扰，也尽量控制。如果没有注意倾听，举止、仪态、眼神上很快就会流露出来，表现得东张西望、心神不宁，身体动作频频，从而让人失去与你继续沟通的兴趣。

一次，卡耐基同一位名人在晚餐会上交流。席间，卡耐基自始至终只是充当了一个专注听名人讲话的角色。事后，名人却向晚餐会的主持者赞扬说："卡耐基是一个非常善于交流的人。"得知此事后，卡耐基不禁大吃一惊地说："我只是很专注地听他讲话而已。"

注意呼应配合。当对方讲到精彩的地方或观点和自己一致时，点头以示赞同；讲到幽默的地方，以笑回应；讲到紧张的时候，避免弄出声响。呼应配合既可以极大调动说话者的情绪，又恰如其分地表达了你倾听的认真。好比相声表演中逗哏的角色是多么不可或缺。

耐心。对方长时间发言、不认同对方观点、对话题不感兴趣、语言缺乏感情或者有听不太懂的口音而不由自主产生情绪，这时要学会控制自己的情绪，不要使之表露出来，耐心听他把话讲完，这是对发言者的起码尊重。特别是对方在表达意见的时候，不管这个意见对你来说有没有用、对或不对，都应表现出耐心的样子听完。优秀的倾听者，一定是能控制自己情绪的人。

为使信息接收得更准确，对一些重要意见以自己的语言简单地向对方重复一下，得到对方的认可，比如"您的意思是说……""我理解你的意思是……"如果符合对方的意图，便会得到首肯。如果不符，对方会给你解释。这样会给对方留下一种你听得很认真、仔细，办事严谨的良好印象。

## 注意跨越沟通的鸿沟

很多人之所以总是与他人交谈不畅，往往是因为有沟通障碍。哪些是沟通的障碍呢？

**态度欠真诚**

初次交往中，被交往对象评价“这家伙好假”，往往来自沟通中态度不真诚而产生的印象。

交往中应保持愉悦心情，至少不要心事重重或者表情不愉快。否则，这种心态容易通过“心不在焉”等消极行为流露出来，对方会认为你不重视和他的交往，不尊重他。这当然很糟糕。

沟通过程中，没有站在对方的立场来想问题，考虑哪些话适合说，哪些话不适合说，而是不顾对方感受，一个人喋喋不休，使沟通局面变得尴尬。

说话语气语调也常让人觉得不真诚。回应对方的说话，明显表现得不用心。比如“哦，是吗？这样子的啊”或者“嗯”“呀”“啊”等语气词，并把声音拉得很长，没有和谈话情节相应的情感，而只是声音高了八度，让人鸡皮疙瘩掉一地，假得太没水准（如图 5–2 所示）。

图 5-2　语音语调也要真诚

**缺乏耐心**

说话的时候，应注视着对方的眼睛，面带微笑，这是真诚而耐心的表示。但就是有些人，不知道是自己太忙碌还是身体有恙，他人说话的时候，他东张西望、东摸西抠，或者不时插话，或者语气变得急促。不管你是不是有意，这些都是没有耐心的典型表现。无论谁遇到这样的人，都会失去沟通、交往的兴致。

**毫不关心**

这里说的“毫不关心”，是指表现出的状态在对方看来是这样。

谁都希望自己说话的时候，对方能随着说话内容而“喜怒动于色”，来关心自己的说话内容。所以，听他人说话，应该表现出关心的神态：目光不时关注说话者，对让人生气的事表现出愤怒的表情，对开心的事表现出微笑甚至适度的大笑，对成绩以点头或语言“真不容易”“真不错”来应对。这些表现都说明你有同理心，是在用心沟通。

如果是让人愤怒或难过的事情，还有明显的笑意甚至进行调侃；或者在整个沟通过程中，一直“面不改色心不跳”，不是说明你故作镇静，就是说明你毫不关心。这样的人，怎么会不让人反感呢？

来自《环球网》的消息。韩国总理韩德洙主持召开梨泰院踩踏事故外媒记者会。然而在有外国媒体记者就事故向韩国政府问责后，韩德洙却扭头向现场翻译负责人开起了玩笑，表示要就听不清翻译内容对有关人员进行问责。当天，还有媒体发现韩德洙在记者会进行期间时不时露出笑容。韩国总理在记者会上一系列的表现，在韩国国内引发了争议。网民认为，韩德洙在这样的记者会上露出微笑是不合时宜和不合适的。对此，韩国总理办公室随后发布公文，就引发相关争议道歉。

**先入为主**

有些人一向“聪明”，认为自己是他人肚子里的蛔虫，不需要他人把话说完就能“理解”。往往他人一开口或者刚说了一半儿，就打断：“好了好了，我懂你。”从而很容易不完整地理解或者曲解对方的意思，这样交谈的结局往往就是产生隔阂，甚至不欢而散。

张经理对李科长说：“咱们双方虽然签了合同，但我们觉得现在市场价格发生了变动，所以……”李科长赶紧说：“那可不行，张经理。咱们一旦签了协议，就都不能变动条款了……”“那好吧。既然这样，那我们就让其他供货商给我们增加订货量吧。”

即使真的完整明白了对方的意思，但这种先入为主的态度也会让人心生不爽，还错失良机。

沟通是双向的交流。不能一味用惯性思维去猜度他人。带着同理心耐心地听，无疑会获得一个融洽、和谐、惺惺相惜的交谈氛围，从而更容易赢得他人的信赖。

# 应了解的商务沟通禁忌

成功的商务沟通，是建立良好关系的基本保证。我们提倡沟通艺术，首先要做到的就是避免误入沟通“雷区”，避免禁忌。否则，很容易引起他人的反感、排斥，不利于商务交往。然而，我发现还是有很多人喜欢在这些“雷区”中徘徊。哪些是我们商务人应避免的“雷区”呢？

高高在上。不管你身份有多高、资历有多深。商务往来中必须放下身段，以平等的姿态交往、沟通，不能盛气凌人、高高在上，更不能以指导、挖苦、训斥的口吻说话。包括以比较的方式说本单位的优越、对方单位的不好。

嘲弄对方。即使商务伙伴说话时出现了不妥、失误或者尴尬的场景，也不应有嘲笑的语言、动作，在人多的场合尤其不能这样，否则会伤害对方自尊。

反驳对方观点。每个人的三观、立场、学识都不尽相同，对事物自然就有不同的见解，所以对方说的话不一定都对或都客观，但只要不涉及人格侮辱、损害根本利益，都没有必要直接反驳，否则有可能会使对方觉得没面子而恼羞成怒。即使有争辩，也应尽可能礼让，给对方台阶下，没有必要为争一时口舌之快而永久地失去这条人脉。

卖弄自己。夸口、说大话、“吹牛皮”的人，常常是外强中干的，他们只不过是为获得关注以满足虚荣心。商务往来贵在诚信，自己能力之外的事情，夸夸其谈，只能给人以华而不实、外强中空的不良印象。即使谈论的内容正巧自己是行家里手，也要适可而止，不能口若悬河地没完没了，使双向的沟通变成自己的独白。

谈对方不懂的话题。对方不懂，自然没有兴趣，这样的话题最好少开尊口。滔滔不绝、眉飞色舞地主动推销这样的话题，对方会认为你故意卖弄，有意使他难堪。即使是商务交谈所必需的内容，也应尽可能浅显、简洁地说明，还可以用打比方的方式作形象化解释。

小道消息。商务交往中，他人的私生活、没有正式披露的消息，都不应主观臆断，妄下结论，当作商务往来的谈资。这样的“多嘴婆”，是公认的不严谨、喜欢没事找事型的人。

轻易下断言。如果双方交谈的问题较为复杂，往往各自都会有一定的想法。这时候要把对方的话听完，听一听他们对所谈问题的意见后再说，不要只听开头，就以自己的思路、见解轻下断言。等对方把话讲完，这既是基本礼貌，也是为全面了解对方的真实意图。要知道，世事变化无常，事事错综复杂，甚至看到的也不一定是真实的。

失礼的话。“良言一句三冬暖，恶语伤人六月寒。”商务交往中避免说气话、过激话、影射的话甚至脏话，以及推脱的话。比如面对对方的提问，不能出现诸如“这个我哪知道”“那件事不归我管”“抓紧时间”“胡说”等。对方说错话时，直接说“你错了”，也显得突唐、失礼。即使是说者无心，但往往听者有意，从而造成隔阂。合作不成情意在，留下应有的风度；如果因此失礼，难免被人小看（如图 5–3 所示）。

谈论不宜话题。“静坐多思己过，闲谈莫论人非。”吹灭别人的灯，并不会让自己更加光明；阻挡别人的路，也不会让自己行得更远。非议他人，不一定表明你有多高明，相反可能带来对方的敏感、反感。另外，个人隐私、非议国家以及低俗的话题，都是不宜的话题。

过度关注一部分人。商务交谈中，如果对方是多人，要注意尽可能均衡地照顾到对方的每一个人，不要只关注其中个别人而冷落了其他人。即使其他人不重要，也要用适当的方式表达你在意他们。比如用一个话题唤起大家的兴趣，让每个人都有机会发表自己的意见，用眼神和其他人作停顿式交流。

短话长谈。商务交谈中，即使双方再怎样精神抖擞，对你的话题多么感兴趣，也要适可而止。不能泡在谈话中，鸡毛蒜皮地“掘”话题，浪费大家的宝贵时光；更不宜因谈得投机将对方作为倾诉对象。

插嘴、抬杠。这两种方式，不管哪一种，都会让人反感、讨人厌。或许本意是急着说明所谓的真相，但这种不礼貌的方式，让人反感到不会有兴趣再听你的其他内容。

图 5-3　沟通中避免忌语

冷场。冷场是交谈中非常尴尬的事情，特别是对于客人来说。无论交谈的主题和自己是否有关，自己是否有兴趣，都要热情投入、积极配合。万一因他人原因致使冷场，应该努力“救场”，转移旧话题、引出新话题。当有冷场的情况时，主方必须找话题主动搭话。如果此次沟通的时间差不多了，事情也已解决，这时候的冷场可以直接转为结束交谈的契机。

不良仪态。美国通用公司前CEO杰克·韦尔奇说：“要赢得客户的信赖，就必须表现出值得信赖的行为。”在商场中，很多仪态会给人留下不好的印象，这些仪态有：挠头、手中摆弄东西、用食指来指指点点、抖腿、挖鼻孔或耳朵、揉鼻子、剔牙齿、打哈欠、伸懒腰、倚靠而站、站时手插口袋里、坐时躺靠在椅子里、说话不看人、边说话边干其他事、离对方太近，等等。

## 会议演讲礼仪与技巧

集团要从内部员工中选拔两名副总监。对于资历、经验都被看好的冯昆，当然要努力争取，为此他准备了很久。在竞职演说中，冯昆自信满满地走上了讲台。一开始，无论是其自信的仪态还是演讲的内容，从现场反应来看都很成功，因此他越演讲越有气势。在说到“像这样的成功案例，我在集团的十年里有很多，一时罄竹难书……”时，全场笑翻了天，老总的脸马上变阴沉了。冯昆不知道自己精心准备的演讲内容哪儿有差错，一下子变得结结巴巴，信心全无，最终落选。

演讲是商务人士基本的职业技能之一，无论是会议发言、招标说明、竞职演说，还是典礼致辞、欢迎祝贺等，都带有演讲的性质。演讲能很好地体现出一个人的修养、风度、学识、专业程度以及应变能力。怎样做好演讲呢？

**了解情况**

演讲目的是让听众愿意接受你的观点。首先就要清楚听众希望自己以什么身份出现，或者这次将把自己设计成什么角色出场。内部会议发言时，你的身份是领导、同级、下属还是第三方的角度？投标过程中，是纯粹的供应商，还是招标方的战略伙伴？还要知道是哪些人听你演讲，听众中关键人物是什么人？他们的期望值是什么？他们对你所讲内容的了解程度怎样？恰如其分的定位及相应的内容设计，能很快拉近和听众的距离，使演讲气氛和内容更为听众所接受、欣赏。

**把握时间长度**

卡耐基认为："脑子里所能吸收的，超不过屁股所能忍受的。"也就是说，演讲宜短不宜长。没有特别要求时，一般的商务演讲通常控制在半小时内；超过一小时，就要考虑在演讲当中穿插一些与听众的互动环节调节气氛；即席演讲，三五分钟就应结束；而礼仪性演讲，像欢迎演讲、欢送演讲、祝贺演讲、答谢演讲、简介演讲，内容都要简短，一般不应超过5分钟；而“限时演讲”，则宁肯时间没用完，也不要超时（如图5-4所示）。

**注意内容安排**

据《中国新闻周刊》报道。“首届世界大城市高层论坛”在某城市举行，有25个国家近60个城市的市长和市长代表参会。某些市长的发言表现遭到了媒体的非议。某些市长发言时不讲场合，千篇一律，用的全是平时政治生活中使用的那一套“话语系统”，讲政治宣传多、讲问题研究得少，以致外国的市长和记者感觉这些发言者都是一个面孔，听得“云里雾里，不知所云”。

在有限的时间段内，完全借助于语言、手势、表情等向听众讲明这个主题，就要求在演讲内容的准备上一定要突出主题、观点鲜明，避免废话、套话，少说大道理。如果引用例子，例子必须简短、有力，对主旨有明确的升华作用，详略得当、回收及时。

演讲内容通常包括开场白、主体、结尾三部分。常用的开场白有点明主题、交代背景、提出问题等。目的都是使听众立即了解演讲主题、引入正文、引起思考，要求简短、明确。

主体部分必须有重点、有层次、有中心语句。演讲主体的层次安排可以按时间或空间顺序排列，也可以平行并列、正反对比、逐层深入。为了便于听众理解，注意各段落的连贯、过渡、转折和前

图 5-4　演讲注意控制好时间

后呼应。

结尾起着深化主题、升华情感的作用。结尾方法有归纳法、引文法、反问法等。归纳法是概括一次演讲的中心思想，总结强调主要观点；引文法则是引用名言警句，升华主题、留下思考；反问法是以问题引发听众思考和对演讲者观点的认同。另外，演讲的结尾也可以用感谢、展望、鼓舞等语句自然地结束，给人留下深刻印象。结尾力求精练、简短。不宜再在结束语中补充演讲的主体内容，否则容易给人逻辑混乱、颠三倒四的不良印象。

**注意修饰语言**

为让听众从听觉上更有感染力，要注意语言节奏和内容表达的口语化，并注意逻辑严密，语句通顺。为增强表达上的气势，应把长句改成短句，把倒装句改成正装句，把单音词换成双音词，把不易懂的文言词语、不常见的成语都改掉或删去，交替穿插一些历史典故、名人名言之类的哲理性、趣味性材料。演讲内容中可以设置悬念，让听众在山穷水尽时豁然开朗。表达上可以层层蓄势、层层铺垫，然后水到渠成，集中议论抒情，将感情和气势推向高潮，以震撼听众的心灵。引用典故、名人名言或者历史事件时，则所用内容务必要保证精确、恰当。

前几年，中国新党主席郁慕明访问某高校，该校校长在致辞开篇引用《诗经》中“七月流火”的句子：“大家好！七月流火，但充满热情的岂止是天气；今天，我们 ×× 大学的师生以火一般的热情，在这里欢迎郁慕明先生一行……”将原本表达天气将越来越凉的句子误解成了炎热的天气。这个看起来不起眼的失误，被诸多媒体及网友质疑：作为以国学见长的名校，其校长却没有起码的国学水准，此事甚至被网友们升级为“七月流火”事件。

**语言表达**

演讲的速度是演讲的重要因素。为营造良好的演讲氛围，必须讲究张弛变化的节奏，控制语速。还要注意根据情绪渲染及内容的需要，在适当的地方放慢或者加快演讲速度，再配合有变化的语气语调，形成“抑扬顿挫”的良好听觉感受。如果从头到尾都是相同速度或一个音调，听众很容易产生疲倦感。

语言上还要流畅。这就要求事先要熟悉演讲内容，如果需要借助其他用具，如 PPT，则应事先演示熟练。如准备有发言稿，除了要先熟悉内容之外，还要注意排版断句，不要把关键的一个字放到下一行或下一页，否则极容易出现读演讲稿的时候断句停顿明显卡壳的现象。

**情绪调整**

演讲过程中难免会出现紧张情绪，需要注意调节。心情紧张的时候，不要注视不友好者的目光。把自己的视线投向强烈“点头”以示首肯的人，这样对增强自己的信心有积极效果。可以转移到某个具体物件上，比如留意会场的环境布置，也可以适当低头看看演讲稿或一只手扶桌边，或者手握麦克风等。用语言暗示也能调节情绪，比如“今天听众都很熟悉，紧张是多余的”“我准备得很充分”等。

演讲中除了必要的低头看演讲稿，一般不应低头，否则会给人不自信、缺乏底气的感觉。而且如果这样时间一久，情绪也会跟着紧张起来。

脸部表情。演讲内容即使再精彩，但单一的表情，很容易使演讲变得缺乏说服力和感染力。

开口演讲前，先和听众做目光交流，环视全场以稳定情绪。演讲过程中经常和全场听众目光接触，特别是坐在后面和前排两侧的听众及重点听众，比如身份高者、来宾等，对重点听众多花点时间做目光重点交流。目光接触的速度适中，慢慢地环视，而非扫视。另外，重点交流并不是紧抓不放，对一个人的目光关注不要连续超过 2 分钟。

并非每位听众都会对演讲者报以善意的目光。尽管如此，还是不可以漠视听众的目光，这时可以一面演讲，一面从听众中寻找目光善意而柔和的人，并与之做眼神交流。

演讲中偶尔表达出轻松的微笑，再配合用眼睛经常有意地环视会场上的每个人，既显示自信，又说明重视会场上的全体听众。

**注意肢体动作**

演讲上场，步速正常，步态自然，刚劲有力，抬头挺胸，双眼平视前方，表现出成竹在胸、自信自强的风度和气质。低着头，或边走边跑都是不得体的上场仪态。

手势在演讲的仪态中最引人注目。适当、得体的手势运用，能够强化听众的视觉效果，并增强演讲气势、渲染演讲气氛。

在讲台后面演讲，可以双手自然地放在讲台两侧。没有讲台时，双手垂放在身体两侧，或操作多媒体，握住白板笔、遥控笔、教鞭及做手势等。无论什么情况，都不能把双手放在裤袋内，或是不自然地交叉手臂演讲。手里拿着遥控笔或教鞭时，则应避免天马行空般乱晃。

演讲中需要邀请他人发言时，手指并拢手心朝上（手掌与地面约呈 45° 角）做抬起状邀请。用遥控笔、教鞭或食指指点他人，站着双手抱在胸前，摆弄双手，手或者拳头在空中不停挥舞，这些都是不得体的表现。

站的位置很有讲究。既要站在每位听众都可看到的位置，又能便于参考自己的演讲资料，有多媒体道具时还要能方便操作多媒体。站时挺胸收腹，没有必要两脚并拢站立，那样显得小气而拘谨；双腿分开也不宜过大，一般以一脚的长度左右为宜。左右不停地换脚、依靠在讲台上，频繁地踱步、抖脚，都属于消极的站姿，演讲中必须避免。

发言完毕应向全体与会者鞠躬表示感谢，再从容退场。

# 商务谈判礼仪规则

商务谈判是一项集政策性、技术性、艺术性于一体的，为在合作共赢的基础上使各方利益最大化而非零和博弈的商务活动。其中的商务谈判礼仪起着不可忽略的作用。

就商务谈判礼仪而言，有三个关键词：注意形象、举止有度、互尊互敬。下面的五条内容都是围绕这三个方面展开的。

**谈判准备**

收集资料和信息。谈判主体的商业行情、背景资料、对方的单位的特点、参加人员职务身份信息及个人情况，对方谈判目的和需求。

确定谈判团队。商务谈判往往是群体间的交锋，单凭个别谈判者难以达到圆满结局，所以应组建谈判团队，其成员各自知识结构和特长应有互补性，并进行分工协作，从而减轻主谈人员压力、发挥团队优势、提高谈判效率。从性别上来说，最好有女士参与，以最大可能发挥不同的性格特长。还应考虑到我方谈判人员的身份应和对方谈判人员相当，以示对等和尊重。

确定目标尺度。确定了目标和能让步的尺度，谈判人员才有底气和原则。根据我方目标和灵活的尺度范围，事先进行若干次的模拟推演，然后准备几套方案。一旦对方拒不接受我方的方案、僵持不下时，可以从容地提出新的替代方案，从而打破僵局、把握主动。

确定谈判地点。谈判地点有三种情况，即我方地点、对方地点、第三方地点。在我方地点谈判时，就是主场谈判，则在心理上占据天时、地利、人和的优势，但也容易从精神上松懈。在我方谈判，就要布置好现场，采用长方形或椭圆形的谈判桌，门右手座位或对面座位为尊，应让给客方。如果还要签约，现场应该准备好签字桌、椅，签字笔。重要的签字仪式，还应在现场拉上横幅、准备好香槟。

谈判的礼宾位次因谈判桌的横放或者竖放而有所不同（如图 5-5 所示）。

注意个人形象。所有谈判人员必须注意仪容仪表，穿着商务正装出席。

**谈判之初**

谈判之初，双方接触的第一印象十分重要，言谈举止尽可能创造出友好、轻松的谈判气氛。双方见面时，以一个友好的姿态，保持微笑，切忌上下打量、不正眼看人。见面后，首先介绍。由主方的联系人给其他人员做介绍；己方或由己方接洽的谈判地点，都可以视为主方。做介绍时，把己方的人介绍给对方，在介绍己方的顺序上，按身份由高到低；被介绍到的人微笑示意“您好”“幸会”之类，同时伸手相握。

这时双方可以互换名片或互加微信。介绍完毕，选择双方共同感兴趣的话题稍作寒暄，以沟通感情，为接下来的“唇枪舌剑”创

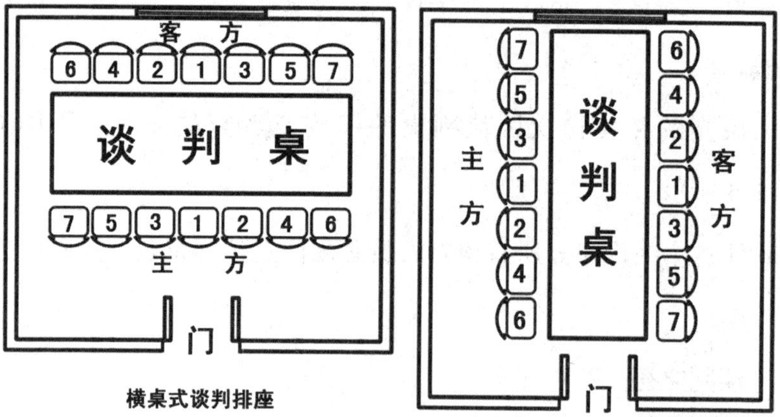


横桌式谈判排座

竖桌式谈判排座

图 5-5 谈判的礼宾位次

造一个轻松的氛围。

落座时，主方人员主动邀请客方入座后，主方再入座。

谈判之初的重要任务在于创造友好轻松氛围的同时，摸清对方的底细。所以应认真听对方讲话，细心观察对方举止表情。

开始谈判前，应将手机关机或调至静音状态。

**谈判之中**

这是谈判的实质阶段，主要是报价、查询、磋商、解决矛盾、处理冷场。我们从谈判礼仪的角度做一下简单介绍。

报价。重在明确无误、恪守信用。本着诚信的原则，守诺重信，爱惜名誉，对方一旦接受价格或条件，就意味着双方的一种承诺。

查询。事先准备好有关问题，选择气氛和谐时提出，态度开诚布公。切忌气氛冷淡或紧张时查询，言辞过激或追问不休，会引起反感甚至恼怒。但对原则性问题应当在理性、礼貌的基础上力争不让。对方回答查问时不宜随意打断，回答结束时向解答者表示谢意。

磋商。讨价还价事关双方利益，容易因情急而失礼，所以更要注意保持风度，应心平气和，措辞文明礼貌，求大同存小异。

解决矛盾。出现歧义时就事论事、保持冷静，不能因分歧就怒气冲冲，甚至人身攻击。

处理冷场。这时候主方应占主动并灵活处理，可以暂时转移话题，稍作松弛。确实无话可说时应立即暂时中止谈判，稍作休息后再重新进行。

保持冷静。商务谈判经常是场心理战，必须保持冷静和耐心，不外露情绪，无论是失望、生气或窃喜。

**注意语言艺术**

注意礼貌。谈判是为了在双方共赢的基础上，追求己方的利益最大化。所以不管出现什么样的困境，都必须保持应有的风度和礼貌，始终以对方的姓氏和职务称呼，多用礼貌用语。说话简练而有力，注意留有余地，不说过头话、太绝对的话。切忌打断他人的话，也要避免不礼貌的身体语言，比如双臂抱在胸前、抖腿、躺坐在座位上、趴在桌上、用食指指人、敲桌子等。他人说话时，保持倾听姿态。

针对性强。商务谈判语言针对性要强，做到有的放矢。模糊、啰唆的语言使人疑惑、反感，降低己方威信。针对不同的商品、谈判内容、谈判场合、谈判对手，都应针对性使用语言，才能保证谈判的成功。比如：对脾气急躁、性格直爽的谈判对手，运用简短明快的语言可能受欢迎；对慢条斯理的对手，则采用春风化雨般的倾心长谈可能效果更好。充分考虑对手的性格、情绪、习惯、文化以及需求状况的差异，恰当地使用针对性语言，注意自己的语速语调，同时保持清醒、冷静，即使认为对方有失礼、出格的行为，但或许那正是对手的一种策略。很多谈判者在遇到认为不礼貌的谈判方式，或者认为对方提的要求太苛刻时，语气上容易表现出非理性，从而做出不利于己方的冲动判断，使谈判失去主动。

表达婉转。谈判中尽量使用委婉语言，这样易于被对方接受。比如，在否决对方要求时，可以这样说："您说的有一定道理，但实际情况稍微有些出入。"然后再不露痕迹地提出我方观点。

其间，谈判高手往往努力把自己的意见用委婉的方式伪装成对方见解，提高说服力。在自己的意见提出前，先问对方如何解决问题。当对方提出以后，如果和自己的意见一致，要让对方相信这是他自己的观点。在这种情况下，谈判对手有被尊重的感觉，他就会认为反对这个方案就是反对他自己，因而容易达成一致。

语言灵活。谈判形势的变化难以预料，往往会遇到一些意想不到的尴尬事情，要求谈判者具有灵活的语言应变能力，与应急手段相联系，巧妙地摆脱困境。当遇到对手逼你立即做出选择时，如果说"让我想一想""暂时很难决定"之类的话，便会被对手认为缺乏主见，从而在心理上处于劣势。这时你可以看看表，然后有礼貌地告诉对方："真对不起，10 点了，我得出去一下，这个时间有一个电话要处理，请稍等 5 分钟。"于是很得体地赢得了 5 分钟的时间。

另外，商务谈判中，仪态、手势、眼神、表情等无声语言，往往发挥着重要作用，起到和语言同样的作用。在有些特殊环境里，恰到好处的沉默可以取得意想不到的良好效果。

**谈后签约**

这部分参考本书第七课"签字仪式"内容。

# 与领导沟通交往礼仪

刚参加工作的小馨，她的顶头上司是一位穿着得体、气质高雅的女士，正是小馨向往的类型。于是不久，办公室就有了这样一道风景：小馨和她领导的衣着很相似，连香水味都一样。甚至来访的客人开玩笑地说她俩一定是亲姐妹。让小馨不解的是，领导慢慢对她不再有好态度，甚至常常有意为难。三个月后，小馨只好辞职。

上述例子中，作为下属的小馨，不仅没能维护好领导的权威和形象，还有意撞衫，使领导时时处于难堪之中，这不是称职的下属。领导是一个部门或单位的灵魂，尊重领导，是下属的天职。

**适时汇报**

适时汇报工作，这是建立上下级关系的基础。工作进展到一定程度，或遇到会影响工作进度的重大困难，都应主动汇报。让领导随时掌握工作进度、了解存在的问题，或者请领导提出意见，这样方便领导掌握全局。

实际上，很多下属在这方面做得不够。我见过不少单位的下属，工作做到什么程度、多久能完成，都不习惯汇报，非要逼领导主动要求“汇报”。甚至如果不提醒，一项工作完成也不会汇报。遇到问题，汇报的时候一味追问领导怎么办，而没有自己的想法或解决方案，恨不得天天都让领导手把手教。这些都是不称职的表现。

## 不乱传话

每个人都有缺点和自己的隐私，只是缺点大小不同或者隐私是否为人所知而已。和领导在一起久了，大家都熟悉了，难免会知道领导的一些缺点或隐私。这些事情绝不应该作为同事间茶余饭后的谈资四处散播。这是对领导人格的起码尊重。

领导也是人，所以和认为关系比较亲近、信任的下属交往时，难免会不经意地透露一些尚未公布或者尚未正式形成决策的事情。

“有幸”听到，就让猛料在你这里烂死好了，而不应四处传播。否则，既不利于单位的安定团结、影响单位形象，又会影响单位的决策，甚至产生不良的社会影响。所以，职场中不要做“嘴比脑子快”的人。

老版的电视剧《亮剑》中，师长李云龙在原配夫人牺牲多年后，与护士小田坠入爱河。李师长来田家提亲，田父不同意这门亲事，李云龙就一直站在他家院子里，直到田父同意他娶小田为止。李云龙严肃地对他的警卫员说：“这是我自家的事……这件事情绝对不允许你告诉别人。”

试想，如果这件事情被其他战友知道，就会变成大家茶余饭后的笑料，难免会使李大师长尴尬。实际上，警卫员事后也没乱传，这也正是尊重领导的体现。

**不越职权**

不越职权行事，也是尊重领导的表现。

通常情况下，每个人只有一位直接领导，一般应只向直接指挥自己的领导请示和汇报情况，不应越级请示汇报，也不应接受多头领导。没有获得授权，也不能代替领导行使本属于他们的职权。

从某种意义上说，不越权就是支持、尊重领导的具体体现。支持领导，重在表里如一。把本职工作做好了，认真完成领导下达的各项任务，就是对领导最大的支持。日常工作中切忌阳奉阴违、口是心非。

**维护权威**

公司人力资源部要求各部门上报人员信息表，通知发给了各部门领导，要求下周一上午9点上报。

营销部经理因为忙别的事，一时给忘了，一直到周五快下班才想起来，赶紧找到周静，说："你通知大家晚下班一会儿，填完信息表再走！"

同事们怨声载道："忙了一周了，好不容易盼到周五能按时下班，怎么还得加班填表啊，就不能早通知一会儿吗？"

周静说："人资通知前两天就发下来了，经理自己忘了，一直拖到现在。我有什么办法啊！"

听了周静的话，有的同事开始小声埋怨经理。

作为下属的周静在同事面前这样说话，无疑会损坏经理的权威性，也在破坏营销部的凝聚力，既不利于自己，也不利于营销部或公司，是很失当的行为。

发现领导有错，事情要立即执行的，必须马上提醒领导，避免不可挽回的损失，只是要注意表达，避免让人感觉是为了反对而反对。而当错误不明显、无关大碍时，可以“装聋作哑”；错误不会马上被执行且确有纠正必要时，找一种能使领导意识到而不是当众纠正的方式。那种发现问题不说，事后出了问题再放马后炮的行为，是职场大忌。

领导考虑的是全局，难以事必躬亲；况且领导也是普通人，难免有错。当领导理亏应给台阶下，不必非要较真，必要的时候还应做好配合与补台，而非拆台。

和客户交往、和领导熟人交往时，不可以对领导口有微词，即使对方开了头，哪怕最近的确有委屈。

提建议时，应讲究方法，考虑场合。如建议和领导的想法差距大，尤其有第三方在场时，避免当众提。可以在领导不忙、没有其他人在场的时候提。提建议时不要急于否定领导原来的想法，而要先肯定领导的想法，然后有理有据地阐述自己的见解。公众场合或对外交往中，下属应处处尽可能维护、尊重领导，突出领导，避免抢风头。

小姜参与了公司的一项重要项目，很快攻克了公司久攻不下的技术难关。公司老总拍着他的肩膀夸他能干。小姜却看着他的部门领导，对老总说："如果没有我们李经理的大力支持，我也不行！"（如图 5-6 所示）

维护领导权威，也体现为要服从工作安排。下属应服从领导的安排，即便有意见或不同想法也应执行，对领导指挥中的错误可以事前或执行中提出建议，这是形成高效能指挥系统必不可少的条件。

还有以下这些细节，往往被认为也是维护领导权威和形象的表现。

一起参加宴请和聚餐时，请领导先入座、先点餐、先动筷、先敬酒，并做好必要的提醒；一同外出，下属应主动做好联络、后勤工作，像和客户联系、订酒店、订餐、联系车辆、订票……

**应对批评**

"常在江湖飘，哪能不挨刀。"领导有领导的整体思路想法，你有你的个人见解，所以难免有偏差而受到批评，这再正常不过了。

下属必须理解：或许领导批评的分寸、口气、方式等不一定适宜，但出发点都是对工作负责，把工作做好，避免出现差错、损失，希望下属的工作尽善尽美。所以必须克制、缓解自己的对抗情绪，表现出应有的气量，不顶嘴的同时还要表现出你的接受态度。重点了解领导在批评什么，把批评当作教导，努力改过。领导批评得不

图 5-6　注意维护领导尊严

对，就当是在表达不同意见就好，没必要当面反驳领导。认为有委屈或误解的可以私下解释。

## 与同事沟通交往礼仪

新来的职员史蒂芬最近成了大家议论的焦点。她穿着时尚而个性，一星期的衣服每天都不重样；午餐从不和大家在一起吃；不管是公司还是部门组织的活动，都不闻不问不参加；如不是同事的再三要求，工作上从不主动协助配合……渐渐地，大家和史蒂芬有了隔阂。半年后她黯然离职。

我相信，“史蒂芬”绝不是职场个案。正常情况下，要想获得职场成功，除个人能力外，还要有和谐的同事关系。跟同事有良好的沟通与交往，并不是为了混圈子、处朋友，而是维系基本的职场情感关系，创造融洽的工作氛围。

**打成一片**

这里说的“打成一片”，是求同存异基础上的、重在融洽和谐的关系和氛围，而非没有原则、是非不分、沆瀣一气。

大家都不太喜欢貌似清高的人。所谓清高，就是过于有个性，显得和大家格格不入。比如早上见到同事当作没看见，不愿参加集体活动，平时不管大家讨论什么话题都不发表任何意见或不屑地离开，尽做气氛的“污染者”。与同事相处，正确的方法是尽可能和大多数同事打成一片。合得来的多交往，合不来的适当交往，而不是不交往。

打成一片，还表现在适度关心同事上。遇到同事生日、结婚、升迁、乔迁等，都可以表达祝贺；同事身体不适时，表达同情和问候；同事新买的衣服，适时适当地赞美；出差归来，表达问候；同事工作没有完成，而你又已经下班时，提供力所能及的帮助；等等。

电视剧《杨光的快乐生活》中，杨光“意外”得了条漂亮的金项链，于是他戴上后，回到公司扬着脖子在每位同事面前晃，但就是没有人给予他所希望的关注。忍无可忍的杨光，只好歪着脖子问同事“项链的项字怎么写”。

**团结合作**

每个人的性格和做事风格、能力不同，各有所长。一味在乎差异，只会产生分歧与隔阂。共事就是为共同做好工作，所以应把注意力放在共同目标上，站在同一立场，以求融洽彼此关系，达成共识，发挥各自所长。

“人多力量大”这句话不假，但更重要的是心往一起聚，力往一处使，才能使任务完成得更快、更好。一群人在一起，只是团伙；心在一起，才是团队。各自为政、唱独角戏，只能给团队带来更大困扰。就像国际巨星云集的巴西足球队，就是这样的一支“英雄”

球队，却总和冠军失之交臂。工作上没有分内分外，分内的工作是必须完成的，而分外的工作则应在完成本职工作的前提下尽量配合他人完成，这也是责任。

团结合作还包括不推卸责任。工作中难免会出现各种失误，或许是第三方的原因，或者是同事的原因、领导的原因……这些都不重要。没有必要把时间浪费在推卸责任、埋怨上，必要的时候单位自然会认定责任的归属。最重要的是如何再把应做的事情做好——这毕竟是共同的利益。

团结合作，还意味着即使和领导关系不错，也不要在领导面前说影响团结的话，比如说打压其他同事的话、分析领导之间关系的话……这些自作聪明的话，往往会被认为不利于团队发展，是别有用心的行为。

**学会沟通**

同事之间经常会有工作上的配合，如果没有良好的沟通，必然会给工作带来不良影响。必须以积极主动的姿态和强烈的自我控制意识，与同事进行良好的互动和沟通，使双方相互了解、理解继而信任。

如果缺乏交流，各揣心事，工作中很容易产生分歧、引发矛盾，使本来简单的问题成为双方“僵局”的开始。善于主动沟通的人更容易和同事友好相处，即使工作中出现分歧，也容易相互谅解，避免矛盾。

沟通过程中必须摒弃不良习惯，如对他人的诉说表现出不耐烦、以指导或者教训的口吻说话、在其他同事面前对合作的同事表达不满、炫耀自己的能力和取得的成果、动不动用领导压人，等等。

注意倾听他人的诉说、了解他人的意愿和想法，不要以为已经明白，即使对同事有一定了解，也必须抱着认真倾听的姿态，耐心了解对方的真实意图。

同事之间学会沟通，还包括不是什么事都对同事讲，也就是不该说的不说。比如领导或其他同事的八卦是非，自己的私事、公司的内幕消息。同事之间是某种程度上有利益或竞争关系的群体，并不一定都是朋友，也不一定任何人都如你守口如瓶或善解人意。否则，或许你的“秘密”可能很快就到了你最不希望传到的地方。

**尊重体谅**

或许有的同事能力上不如你，但也不必自以为是，更不要动不动就说教，好为人师。你可以让大家看到你更出色的工作表现，而不是看到你的自满。尽量做到谦虚、诚恳，以商量、赞许的语气与同事沟通。

取得成绩、获得奖励时，在同事面前应保持适度低调，以一如既往的谦虚、谨慎与同事交往，尽可能降低同事的抵触情绪。

不要在同事或领导面前说其他同事或领导的坏话。一句“道人是非者，必是是非人”，会让他觉得你也是个搅局或目的不纯的“坏人”。

遇到问题，多试着换位思考、体会。有时角度一变，世界随之改变。

发现同事心情不好，没有必要非得去撞枪口或针尖对麦芒，而应尽可能理解、迁就。如关系还不错，可以主动询问缘由，为其分担喜怒哀乐。而自己的个人情绪，应避免在工作中流露，不要让他人无辜受连累。

即使同事之间也要有时间观念，不能随意消费他人的宝贵时间。

**异性同事勿过于亲密**

男女关系永远都是敏感的。在同一间办公室里，应尽可能对所有异性同事公平对待，至少别差别太大。如和某位异性同事走得过于亲近，其他异性同事就会自动疏远你，而同性同事也有可能因妒忌而对你有意见。领导甚至会认为你“吃窝边草”而有意见。总而言之，异性同事之间不要太过亲密，以避免不必要的烦恼。

## 与下属沟通交往礼仪

职务有高低之分，但人格和尊严都是平等的。敬人者人恒敬之。身为领导，只有尊重下属，才能赢得下属的敬重和信任，这不仅是风度，更是美德。

**尊重下属**

尊重下属的职权和工作积极性，用人不疑，疑人不用。不插手、不干预，避免朝令夕改，只在必要的时候给予适当协调。即使中途发现问题，也应以询问和建议的方式沟通，尽量避免直接指导。对下属表现出的能力及时给予肯定、鼓励，下属有能力说明领导的慧眼识才、鼎力栽培。

尊重下属的人格尊严。不要以为弱小就没有力量，不要以为卑微就没有尊严，何况只是工作中的上下级关系而已。批评下属，尽可能避免当众训斥式批评，且注意对事不对人，注意适可而止、注意措辞和语气。批评应具体，不要把批评变成借机发泄不满或其他情绪，更不能将批评变成对下属人品的质疑。毕竟作为领导者，情商真的很重要。

但凡口碑好的领导，往往都懂得关爱、关心下属。平时也许因工作繁忙而和下属私下接触不多，但适机聚餐，及逢年过节、结婚、乔迁、升迁等大事的祝福、恭贺，相遇时的主动闲聊，以及病榻上的看望都是沟通情感的好方式。

学员小夏跟我说起她上个单位的“趣事”。刚入职没几天，有一天中午在电梯里遇到老总，她正尴尬得要死，不知道说什么。老总看到她，很亲切地问：“你是哪个部门的”，然后又说“吃饭了吗”，最后关心地问“工作岗位适应吗”，这时到了楼层，老总出了电梯。小夏为有这样的暖心老总而感动。没几天的中午又遇到老总，这回小夏主动打招呼。老总又连发三问“你是哪个部门的”“吃饭了吗”“工作岗位适应吗”，小夏有点蒙，上次问过呀！可能忘了吧。小夏又都一一认真回答。之后又遇到几次，每次老总都是那样的三问，顺序都不换。小夏由第一、第二次的感动，变成失落、有点反感，觉得这样的机械式“关心”，没有任何情感，还不如不“关心”。

### 善对提意见者

很多领导面对下级提意见时，第一反应就是他们不尊重自己，没事找事。在这样的心态下，不管下属说的有没有道理，都不会理性斟酌，甚至马上出言驳斥，或者表情早就“晴转阴”了。谁愿意是“没事找抽型”呢，即使对工作有益。从此下属也会“多一事不如少一事”了，直到最后领导变成“孤家寡人”。

有风度的领导者，应该在不影响工作的情况下，允许存在不同意见，能听得进不同意见。所谓“从善如流”，正是一种难得的人生智慧。而深到骨子里的成熟，是不会轻易批评指责他人的。听意见时首先做出认真对待并且赞赏的姿态，而不是急着说明。有的下属提意见时说得不一定中听，但要知道，并不是每个人都懂得语言艺术，所以你才是上司，而他是下属。

重要的是让下属觉得你能听得进不同意见，提意见时不用看你脸色。这不仅是对下属的尊重、对他们认真工作态度的鼓励，也是对工作负责。

对于中肯的意见，表示出会认真考虑并表达感谢；对于不中肯的意见，心平气和地说明理由，但仍要对他提意见的这份责任心表示出赞赏。

**以身作则**

“其身正，不令而行；其身不正，虽令不从。”表率的力量是无穷的。在一个组织内部，要想达到“令行则止”，最让人信服的办法不是严令，而是领导以身作则。所以工作中如果要求员工做到的，领导理应做到。如果领导说一套做一套，很难让下属信服，这个“技能”下属自然会照葫芦画瓢，久而久之都变得阳奉阴违，没有执行力了。

**勇于承担责任**

调查显示，大部分下属都认为好领导应该勇于承担责任。这个问题同时说明，现实中确实有不少领导给了员工一个不愿意承担责任的印象，总做“甩锅侠”。这些表现有：当面批评下属、遇到问题首先指责下属等，也就是坏事情都是下属的。位高权大责任重，这三位本来就是一体，有权力必然有责任。一个精明的领导，会努力塑造出敢作敢当、勇于担责的形象。领导都承担起责任了，下属也就心服口服地担起自己的责任了。

**做好传帮带**

一个单位，领导岗位必然是少数，而且做工作更多要靠非领导岗位的员工。而领导，不管是工作经验、思考的高度，都有难得的优势，所以自然对普通员工、新员工负有义不容辞的传、帮、带的责任。有这样的领导，整个团队才可能有更好的团队文化、工作氛围、工作方法，更高的效率、竞争力，到头来还是体现出领导有方。

### 小提示大道理

有丰厚人脉的商务达人，无不善于沟通。可以说，态度决定人生的高度，而沟通决定事业的宽度。

# 第六课

# 餐桌社交从容有礼

THE
SIXTH LESSON

## 他山之石

周主任带着小韩陪同副总接待客户。席间，小韩首先站起来向客户方两位领导逐一敬酒；然后就是低头吃菜或翻微信朋友圈，对于邻座——客户方的经理助理，基本不跟人家互动。其间几次需要添加茶水、催菜，看着只顾低头看朋友圈的小韩，周主任只好无奈地自己处理。

正是这个事件，促使该家单位下决心邀请我去给员工做商务礼仪培训。

餐桌是一个容易让人放松的场合，却也是考验商务人士素养的最好时机，也是“炼真金”的时刻。

在中国这样一个“民以食为天”及注重人情往来的国家，餐桌社交绝对是商务人士的必修课。

以餐为媒，以酒为介，大家在觥筹交错、温馨和谐的氛围中沟通情感、拉近距离、扩大视野、广结善缘。毫无疑问，熟悉餐桌礼仪，应对娴熟、表现大方、进退有度者，自然是更受欢迎的人。

## 商务宴请注意事项

商务往来中，商务宴请是重要选项。商务宴请不是工作简餐，不管是请或被请，在各自角色中都有很多事项需要注意。

**确定宴请档次**

选择什么样的饭店，就是确定了宴请档次。这要考虑到对方的身份、风俗习惯以及双方关系。如果对方有一定身份，或者双方将有重要合作，当然可以选择稍高档的饭店。对于日常应酬，选择中档、有特色菜或招牌菜、环境干净优雅的饭店就可以了。对于有特殊宗教信仰的客人，应注意选择他们方便的饭店，如有穆斯林客人时应选择清真饭店。

档次上可以适当提高，但不能随便降低。适当提高让人感受到的是礼遇和重视，而降低则会让人觉得受到冷落、被轻视。

宴请时，即使人数再少也应尽可能选择包间，而提前预订是必要的。

宴请政府公职人员时，需考虑是否符合国家规定、当地规定及参照当地财政部门规定的伙食标准，不选会所、高档餐饮场所，避免超标准而让对方为难。

有条件的单位，在本单位的餐厅设置包间请客，也是不错的选择，干净卫生、方便客人。

一般情况下，不在客人所入住的酒店里宴请客人。

无论如何，夜市、大排档、快餐店都不应是商务宴请的场所。如当地街头小吃很有名（如淄博烧烤），可以作为商务宴请之后的接地气的特色品尝活动，甚至特色小吃能让客人印象更深刻。

**确定赴宴者**

《西游记》中，孙悟空自封为“齐天大圣”后，被玉帝安排看守蟠桃园。当他从采摘仙桃的仙女口中得知，王母娘娘举办的“蟠桃会”请遍各路神仙居然没有请他时，非常恼怒。孙悟空认为这不恰当的邀请，成了大闹天宫的导火索（如图 6–1 所示）。

请客吃饭，请谁、不请谁，事关主方哪些人陪伴。特别是请同一单位人员或客人间可能相互熟识的，名单要仔细斟酌，不宜漏请，也没有必要凑数。可以根据宴会规格、性质、主宾身份、习惯做法

图 6-1　慎重确定邀请对象

来确定。尽量避免邀请双方关系激化者、意见不同者。确定了邀请对象，特别是主要邀请对象后，就应发出正式邀请。

对方来访的所有人都是宴请对象，剩下的是确定主方出席者了。

一般来说，联系人、经办人、部门负责人、主管领导都应出席，应和客人身份大致相当。对于重大合作，和对方接洽的部门负责人或常务副职甚至单位领导，都可以出面宴请，以示重视。陪同就餐人数，一般不多于客方人数，同时必须遵守本单位的内部规定。

在宴请公职人员或主方如是国企，陪同的人数要严格遵守国家的相应规定。

**怎样邀请**

邀请的方式有很多，简单的方法有打电话、发微信等。高端宴会则要印制请柬或请帖，快递或直接送给客人，请柬上注明宴会日期、时间、形式、主题、主（办）人名称、请客地点、服装要求（如果不是高端的宴请，在国内不必特别要求这一项），甚至具体桌次等。诚意邀请应给对方充分的准备时间，正式宴会通常在 2~3 周，甚至一个月前就应发出邀约；普通宴请也最好一周前通知；对来访者的宴请，双方见面之初就应郑重告知，同时还应告知主方主要参加者的姓名及身份。

大型宴会可以单位名义发邀请，也可以个人名义发邀请；商务宴会则应以单位名义发邀请。电话邀请应用在熟人之间；发邮件、留便条邀请时，发出邀请后还要和对方电话确认。如发请柬，应在对方收到后再电话邀请；重要身份者可以上门邀请。

无论哪种邀请方式，即使对方已经接受邀请，为表达真诚，减少失误，在宴请的前两三天，还应再度电话确认。

按我们中国人的习惯，请人吃饭要“三请四邀”才显得有诚意，而不是在跟对方说客套话。所以，特别是非请柬邀请，一定要诚恳地多邀请几次，否则很容易被对方认为是走过场、没诚意。

**菜单安排**

对于大型宴会，定好来宾及人数时，就该开始安排菜单。高档宴会或者邀请的客人达两桌以上时，菜单应提前定好。菜品的选择应根据宴请的规格及宴请地的特色，同时兼顾主宾的年龄、性别、健康、民族禁忌、饮食习惯及口味。隆重的宴会应印制菜单，一桌一份或人手一份。

一般商务宴请，往往是在客人到齐后现场点菜。点菜的技巧后文将专门介绍。

**礼宾位次**

商务宴请是一种正式的活动，礼宾次序显示出待客之道。餐桌座次安排的原则有：

右高左低。当两人一同并排就座的时候，通常以右为上座，以左为次座。

中座为尊。三人时，居于中座者在位次上要高于在其两侧就餐者。

面门为上。面对正门者为上座，背对正门者为次座。

观景为佳。有的餐厅有优美的景致或高雅的演出，这时候应以欣赏角度最佳者为上座。

尊重选择。人数较少，而又相对随意的场合，客人已经自行坐好，也不愿意换到应坐的座位上，不必为此和客人争执不休。如果客人身份很高，其他人再坐那个位置都不合适，可以把那个位置空出不坐。这样的做法，既遵从了客人的意愿，也是对客人的尊重。

对于大型宴会，或者人数较多的多桌宴会，最好的办法就是提前安排好桌次、位次，并摆好名签；或者在座椅背上贴好名牌纸，以方便客人对号入座。也可以在宴会厅外张贴礼宾序列示意图。

**现场安排**

高端的宴会活动，或者邀请的客人达数桌时，应适当布置现场，包括宴会大厅和休息厅。现场布置宜庄重、大方，适当用鲜花点缀，有些宴会要悬挂会标。邀请数桌客人时，现场应准备话筒等音响设备，一般在主桌背后设立式话筒。要有专门的工作人员负责宴会的各项准备及服务工作，安排好迎宾、接待和引导人员。在较冷的季节，宴会厅外还应专门设置大衣存放间。

即使一般的商务宴请，只要不是双方一起去，就应有主方人员提前到达，以便接待、引领、安排。对于住酒店的贵宾，最好能安排人员去酒店接。

# 主方做好迎与送

商务宴请，是商务交往的重要延伸，而不应仅仅是为了“填肚子”。所以应尽可能做好包括迎与送在内的细节事项。

**迎接礼仪**

请客吃饭，为表达地主之谊，表达真情和热情，理应迎客，而非坐等客人自己找到餐桌上来。

贵宾住在酒店，如条件允许可以提前与客人沟通好时间，去酒店接。

需要客人自己找过来，那么应提前把饭店名称和地址发给客人，同时发上定位。到了差不多的时间，应有人提前到饭店门口或停车场等候，尤其对于重要客人。

见面后握手寒暄，随即引导到用餐的具体位置。引导过程中，走在客人左方，并不时地和主宾说话并适当照顾到随行人员，而不是一路无言默默走。

客人到达时，主方所有人员都应起身面向客人，微笑点头致意并称呼。

一定要把客人直接引到原先安排好的位置，请其落座。如由客人自己坐，可能会怎么就近就怎么坐，位置不一定符合他们的身份，这时如再请客人换，肯定来来回回地推推拉拉，双方都显得不便了。客人是多人的，务必先把第一主宾、第二主座引到相应位置将其坐下，其他的往往就会自行坐下了。

如有客人不认识的主方人员，主方联系人应主动为客人介绍，介绍顺序按照身份由高到低进行。

**送客礼仪**

出于周到的礼节，即使在餐桌上也应做到善始善终。所以用餐完毕，双方哪怕由此变得很熟络，主方也应礼节性送客。或许客人不让送，那也是客人希望减少对主人的打扰，是做客的礼节。而我们送客，也是主人应有的待客礼节。

如果客人是打车来的，若条件允许应帮忙叫好车，把客人送到车旁，与其握手道别，替客人打开车门，目送车辆离开后，主方再走。

如是主方接客人到饭店，那么用餐结束最好把客人送回，至少安排好车辆。有专门司机送客人的，在用餐即将结束时应将车开到指定地点等候客人（寒冷或炎热季节应提前做好暖车或降温的准备），以免让客人等车。若需将客人送到酒店的，可以将其送到酒店大堂或酒店房间外（此时不应进客人房间），再和客人道别并离开；就算再忙也应将客人送到酒店门口，目送客人进酒店后再离开。送客人回家，若条件允许最好将其送到楼下，至少也应送到离客人家最近的小区门口。

如果客人是自行来的，可以将客人送到饭店门口或停车场，再与其握手道别。待客人身影即将消失时，主方再走。

需要注意的是，如客人或客人一方是自驾车，务必注意司机应是没有饮酒的，如已饮酒应由主方没有饮酒的同事帮忙送或叫代驾，切不可让客人酒后开车，这是责任，也是常识。

## 点好菜并不简单

应该说，商务宴请中点的菜，往往倾注了点菜者的良苦用心和美好寓意。客人在尽兴的同时，还能知道我们所点菜品的良苦用心，当然会起到锦上添花的作用。

**上菜顺序**

正式宴会上，中餐完整的上菜顺序是：冷盘、热炒、主菜、点心、汤和水果拼盘。

冷盘，通常是四种冷盘组成的大拼盘，有时多达 10 种。如凉拌海蜇皮、松花蛋等。

有时冷盘之后，接着出四种热炒。常见的是炒虾、炒鸡肉等。不过，热炒经常被省略。

主菜。主菜紧接在热炒之后，又称为大件、大菜。主菜的道数通常是四、六、八等的偶数，一般都是六道至十二道。出菜顺序多以口味清淡和浓腻交互搭配，或干烧、汤类交互配列为原则。

点心，指主菜结束后所供应的甜（咸）点，如馅饼、蛋糕、包子等。

最后通常是汤。前面上的如是咸点心，讲究配咸汤；甜点心，则习惯配甜汤。

以上用毕后，才会上水果拼盘。但也有的地方根据营养学的知识，把水果拼盘提前到凉菜之前上。也有分成单人份的小果盘。

上菜顺序也是相对的，有时根据人数或客人喜好，只点其中几种也完全可以。

**了解忌口**

点菜要兼顾来宾特别是主宾的忌口，以免好心办坏事。

注意宗教忌口。像穆斯林不食大肉、自死物、血液和非诵安拉之名而宰杀之物，凶禽猛兽及无鳞之鱼，不喝酒及含酒精的饮料。国内的佛教徒在饮食上禁食荤腥，不仅不吃肉食，也包括葱、蒜、韭菜等气味刺鼻会污口的食物，当陪同他人礼佛时也应同样忌食，以免不敬。道教信众忌食牛、龟、蛇、狗肉。贸然犯忌可能会带来麻烦。

注意地区忌口。不同地区，往往有不同饮食偏好。比如藏民通常不吃鲑，欧美人士通常不吃宠物、稀有动物、动物内脏（法国人的鹅肝除外）、动物的头部和脚爪等。

个人忌口，没有规律可循，只能通过询问知道。忌口信息可以提前了解，或者现场询问。避免忌口菜，是做好宴请的重要细节。

**怎样点菜**

可以提前去餐厅点好菜，也可以待客人到齐后点菜，先让主宾点，当客人谦让不点时不必勉强。主人点的时候，与其问客人“您吃什么”，不如问“您不吃什么”。前者在初次商务交往的宴请中，问了等于没问，基本上只会得到“随便”的答复。按照我们中国人的心理，初次之交，随便就说出饮食爱好显得没出息。而问“请问您有什么忌口”，则可以迅速了解对方的饮食禁忌（如图 6–2 所示）。

商务宴请中，点菜就是点特色、特产，包括当地时令菜、名菜、饭店招牌菜。另外，应避免点客人所在地的名菜，即使该菜是饭店招牌菜。比如我去外地，外地朋友如用心请客的话，自然不会再点北京烤鸭了。

如客人已应邀点了一些菜，主人再点时，应避免再点和客人所点同材质、同口味的菜。

尽可能不点难对付的菜，比如有粉条的菜或许好吃，但吃相不好，也容易让客人尴尬。

菜的数量，宁可多点一道也不能不够吃。一般热菜数量可以控制在就餐人数加 1。当然还可以适当加点冷盘小菜，这样在热菜上桌前台面不空。冷盘是双数，可以点 2 个或 4 个。

点菜时，一般应挑选 1/3 高档菜，搭配 2/3 中低档菜，并在其中注意选取该店的特色菜；点选的菜肴还应注意不同材料、不同烹调方法、不同口味、荤素兼具等，做到少而精、风味浓，充分考虑到营养及膳食平衡。主食点什么，尽可能征询每位客人的意见。

对有典故、特殊寓意或独特功用的菜，用餐时最好能向客人做重点介绍，而不是一味说“请尝尝、好吃、请多吃”这些平淡寡味

图 6-2　点菜时不应问客人吃什么

的让菜词。经介绍之后，客人品尝到的不仅是美味，还有文化，无形中提高了宴请的品位和档次。介绍的过程，不仅活跃了餐桌的氛围，更足以证明主人的良苦用心和交往诚意。

宴请公职（含国企）人员时，注意不点鱼翅、燕窝、鲍鱼等高档菜肴和用野生保护动物制作的菜肴。

**怎样点酒水**

点酒水、饮料也应征求客人意见。点多种饮料时，对于不含酒精类饮料的点选原则，一般无糖饮料在先、含糖饮料在后；无汽饮料在先、有汽饮料在后。

点酒时，应尊重客人对酒的偏好。按惯例，高端宴请不点啤酒。点酒要考虑和菜的搭配，一般高档菜配高档酒，低档菜配低档酒。为讨彩头，可以把酒和宴席主题相结合，如升迁或合作成功选用“喜临门”“双喜”酒；获得优秀成绩用“状元红”酒；熟人间用竹叶青酒，“一天一杯竹叶青，越活越年轻”；等等。一般来说，中餐宴席选用的酒，最好选定后就“从一而终”，否则，混喝多种酒很容易醉。但如果必须喝两种以上的酒时，应遵循如下原则：低度酒在先、高度酒在后；清淡酒在先、浓郁酒在后；普通酒在先、名贵酒在后；干味酒在先、甜味酒在后；新酒在先、陈酒在后；有汽酒在先、无汽酒在后。

现在的中餐，也常点葡萄酒。葡萄酒配餐，基本原则是“红酒配红肉（牛肉、羊肉、猪肉等）、白酒配白肉（鸡肉、鸭肉、兔肉、海鲜等)”。

还可以根据酒的口味搭配：口味清淡的酒配口味清淡的菜、口味浓郁的酒配口味浓郁的菜。比如红烧牛肉，就要配味道浓郁的红葡萄酒。喝两种以上的酒，要先喝白葡萄酒再喝红葡萄酒，有甜味的葡萄酒在饭后配甜点时才喝。

川菜适合搭配半甜或清爽口感的白葡萄酒；一定要搭配红酒的话，则要选择较辛辣的葡萄酒品种。北方菜因为使用大量肉类和大麦制品，适合搭配红葡萄酒，特别是烧烤的肉类。沪菜和浙菜的海鲜类菜适合配白葡萄酒，肉类菜搭配法国及意大利的中等浓郁红葡萄酒。而广东菜可以搭配不同的红、白葡萄酒和起泡酒。

一般来说，酒的价格要根据宴请的档次而定。酒的价格一般控制在菜品总价的1/3~1/2。和菜肴不同的是，酒不一定非点当地酒，除非当地酒是名酒。宴请公职（含国企）人员或国企宴请时，应避免点高档酒水。

来自《澎湃新闻》2020年1月13日的消息。某地纪委监委暗访组调查发现，当地一家国有企业在五星级酒店举办年终述职会，摇身变成奢华晚宴现场。该企业负责人致辞称：“我们喝的是高兴的酒、快乐的酒。”宴会全部用茅台，为遮人耳目，提前在有专人职守、外人无法进入的房间内，把茅台酒分装倒入分酒壶。参与者大吃名贵海鲜餐、大喝茅台酒。针对暗访发现的情况，当地纪委监委随后介入调查。

## 了解酒桌文化

俗话说："无酒不成席，无酒不成礼。"古今中外，宴请几乎离不开酒，酒是餐桌上一道亮丽的风景。要想在餐桌上张弛有度，必须了解酒桌文化，熟悉酒礼。

**怎样斟酒**

宴会上除主人和服务人员外，其他宾客不宜随便给他人斟酒。斟酒者和自己身份一样或者比自己高时，应该起身站立表示感谢。

大型宴会由服务人员斟酒。斟酒一般从位高者开始，然后按顺时针方向斟。不需要加酒时，可以把手挡在酒杯上，说声"不用了，谢谢"，一般就不会勉强你。

他人斟酒，你也可以回敬以"叩指礼"，特别是自己的身份比主人高的时候。即以右手拇指、食指、中指捏在一起，指尖向下，轻叩三下桌面表示对斟酒者的感谢。

学员小曹说，听了我的课才知道原来"叩指礼"是表示感谢。他一直以为是"再倒点儿，再倒点儿"，以前因此闹过几回笑话：给客人斟酒，人家一直行"叩指礼"，他一直倒，直到"满溢"为止……

酒倒多少合适呢？中式白酒和啤酒可以斟满，以示尊重。红葡萄酒，约斟 1/3 杯；白葡萄酒，约斟 2/3 杯。

**怎样敬酒**

敬酒分为正式敬酒和非正式敬酒。正式敬酒，由主宾、主人在宾主入席后、用餐前敬。一般由主人先敬，同时说祝酒词，这种祝酒词内容可以稍长点，但也应在 2~3 分钟内讲完。而非正式敬酒，只要在正式敬酒之后就可以开始。但要注意是在对方方便时，比如对方当时没有和其他人敬酒，嘴里没有食物。而且，向同一个人敬酒，应该等身份比自己高的人敬过之后再敬。

重要客人或主宾，可以回敬主人一杯。人数不多时，即使普通客人，在主人敬酒后也可以回敬。一般情况下，他人给你敬酒的时候，不要同时给对方敬酒，至少在喝过对方敬的酒之后，稍作休息，再回敬对方。

敬酒，一般按年龄大小、职位高低、宾主身份为序：先高后低、先宾后主。如果分不清或职位、身份高低不明确，可按统一的顺序敬酒，比如先从主宾敬起，按顺时针敬上一圈（如图 6–3 所示）。

需要注意的是，如客人还要开车，作为负责任的主方，应考虑是安排代驾还是给客人换成饮料代替酒。

**敬酒举止**

无论是主人还是来宾，在座位上向集体敬酒时，首先站起身，面带微笑，手拿酒杯，并且面朝大家。

图 6-3　餐桌敬酒注意礼宾次序

当有人向集体敬酒、说祝酒词时，应停止吃喝；提议干杯的时候，所有人都要端起酒杯站起来，互相碰碰杯。按照惯例，敬酒不一定要喝干。但即使平时滴酒不沾，这时也要拿起酒杯抿上一点儿，以示尊重。

除了主人向集体敬酒，主宾或有一定身份的来宾也可以向集体敬酒。来宾的祝酒词可以说得更简短，甚至一两句话也可以。比如："各位，为了以后我们的合作愉快，干杯！"

在主人正式敬酒之后，各个来宾和主人之间或者来宾之间互相敬酒，可以说一两句简单的敬酒词，如"早就听说过您了，今天终于有幸见到您""以后难免会有麻烦您的地方，还请多多关照啊"……不能只说"干""喝""吃好喝好"这样干涩的话语。

面对敬酒，手举酒杯到双眼高度，等对方说了祝酒词或"干杯"之后再喝。喝完后，拿酒杯和对方对视一下，这一礼仪过程才结束。无论是敬的一方还是接受的一方，敬酒时都应注意因地制宜、入乡随俗。酒量欠佳一开始就要诚恳说明，或干脆不要领酒杯，只喝饮料。

主人亲自向你敬酒干杯后，要回敬主人，和他再干一杯。回敬的时候，右手拿着杯子，左手托底，和对方同时喝。干杯的时候，可以象征性轻碰对方酒杯。

出于敬重，或对方身份比自己高，自己的酒杯应略低于对方酒杯。当对方也想比你低，但你不希望这样，这时可以一手轻托对方杯底，一手端杯来敬，快速完成这个过程。下属敬酒时，自己的酒杯就没必要放太低，不然会让下属很为难。和对方相距较远，可以用杯底轻碰桌面以示碰杯，称为“过电”“上网”。

酒是双性的，即水的形状、火的性格。有节制可以增进感情，无节制会误事伤身。所以再表达热情也不可以灌酒，灌酒是失礼、失态的陋习，商务往来中应该杜绝。

《人民日报客户端》消息。山东省临沂市郯城县一名男子连续喝了两场酒之后，因饮酒过量乙醇中毒，不幸死亡，6名共饮的“酒友”被判共同赔偿死者亲属死亡赔偿金等损失279501元。“酒友”们不服上诉，临沂市中级人民法院做出二审裁判，驳回上诉，维持原判。

**挡酒艺术**

酒力不济，一开始就应诚恳说明，为接下来的少喝做铺垫。不能在“豪爽”地干过几杯之后才说酒量不行，给人不真诚的感觉。少喝酒可参考的理由有：准备要小孩（适用于已婚、无小孩者，或要二胎者）、正在吃中药、开车、酒精过敏、妻子和孩子讨厌自己喝醉酒、医生下了禁酒令等。

挡酒时，总得有一个说词，不能随便驳了对方面子。诙谐而幽默的挡酒词有：

万水千山总是情，少喝一杯行不行？来时夫人有交代，少喝酒来多吃菜。危难之处显身手，兄弟替哥喝杯酒。酒逢知己千杯少，能喝多少喝多少。酒量不高怕丢丑，自我约束不喝酒。只要感情有，喝啥都是酒。

……

喝酒的时候，如下办法能让自己少喝：

女士在喝过几杯酒之后，可以暂时离席，去洗手间给自己的两颊打些腮红，以显得自己有些醉意，或者被认为是酒精过敏，这时大家往往也就不会再灌酒了。

每次干杯时，杯里都留一点儿酒，这样下次倒的时候就会少倒一些。

干杯后，不要马上咽下去，找机会用湿毛巾做轻轻擦嘴的动作，把酒吐在湿毛巾上（当然必须是白酒），再适时示意服务人员换毛巾。但湿毛巾不能换得太频繁，否则假喝酒太过明显，容易让人反感。

上面提到的最后两种方式，是在即将醉、万不得已的时候才用。一开始就这样，显得为人太虚假了，俗话说：酒品如人品，所以还是要谨慎使用。

**祝酒词**

正式祝酒词是在宴会开始，主人表示热烈欢迎、亲切问候、诚挚感谢，客人答谢并表示衷心祝愿的应酬之词，是招待宾客的一种礼仪形式。内容围绕酒宴的中心话题，包括感谢来宾、举办这次宴会的原因、提议干杯等三部分内容。正式的祝酒词例文如下：

女士们、先生们：晚上好！

“×× 展销会”今天开幕了。今晚，我们有机会和各位朋友欢聚一堂，感到非常荣幸。我谨代表 ×××× 公司，对各位朋友的光临表示热烈欢迎！

“×× 展销会”自开办第一届以来，已引起社会各界的高度关注，逐渐成为 ×× 行业的盛会。本届 ×× 展销会的举办，为来自全国各地的 ×× 行业朋友提供了学习、交流的好机会。我相信，×× 展销会在推动 ×× 领域的进步和发展将起到积极作用。

今晚，各位朋友欢聚一堂。希望大家广交朋友，寻求合作，共同度过一个愉快的夜晚。

最后，为“×× 展销会”的圆满成功，为朋友们的健康，干杯！

## 酒桌交际技巧

酒桌是交际场一点儿都没错，只是要把握度，以最得体的表现达到最理想的交往效果。从我了解的情况来看，很多人都缺乏这方面的技巧。

**基本举止**

出于礼貌，主方应在主宾落座之后再坐。客方如没坐下，主方有主动邀请其入座的责任。其他人也应在主宾及主人落座之后再坐。主不动，客不食。客人不应主动先动筷，而主人应识趣地尽快“动手”，避免客人尴尬。

在主客或主要领导、年长者动筷后，下属、年轻者再动筷。

当主客谦让、不下筷子，主人有给客人让菜的义务，但让菜并不意味着替人夹菜。最好是让菜不夹菜，不得已时用公筷。

当餐桌上的主、客有身份高低、长幼之分时，上菜时先请主客或者长者品尝。

餐桌中间的转盘应顺时针转，新上的菜应先转到主宾面前。养成不非议他人所点菜品的习惯。

**不要埋头吃饭**

商务宴请场合重在交际，不管你是主方还是客方，哪怕只是“小角色”，都有交际的责任。所谓饭局，目的就在于交流沟通，而非只填饱肚子。

主宾或主人，餐桌上的积极沟通当然是义不容辞的责任。其他人，像第二主宾、第二主人，同样要不时接过话题。而其他陪同人员，在可能冷场时都应积极参与；已经冷场时，应该及时救场，引起话题，调动氛围。其他人应关注发言者，主方人员不时照顾身边的人，适当让菜。

**不要专注个别人**

餐桌不是交际场合吗？于是很多人在餐桌上非常“用功”，自始至终地在交际——和主宾交际。这是不少人的误区：主宾尽兴，就达到效果了。

餐桌上的每个人，在团队里都有不同分工，不一定就是主宾一言堂。况且，“三十年河东，三十年河西”。今天被你怠慢的人，可能就是明天的“主宾”。来者都是客，不管对方什么身份，都不应也没必要被怠慢。你可以多和主宾交流，但要照顾到其他人的情绪，让其他客人有说话的机会，和他们进行适当交流，哪怕是眼神关注。只和个别人说话，把其他人当空气的做法让人反感。

还要主动聊天、善于聊天。

## 酒桌上聊什么

钱钟书先生在《吃饭》一文中说：“吃饭有时候很像结婚，名义上最主要的东西，其实往往是附属品。”也就是说，有时候吃饭讲究的其实不只是吃饭本身，更主要的是情感交流。商务宴请尤为如此。

商务宴请是商务活动的延伸，只有合适的话题，才能为商务交往起到良好的加分作用。俗话说“酒逢知己千杯少，话不投机半句多”。什么话题才能说得恰当、讲得适宜，营造“知己”的氛围呢？

**恰当话题**

无论组织还是参加宴会，都应提前对参加宴会者的情况做一些了解，这样可以事先准备一些合适的话题，用餐时就不愁没话说。

尽量多谈论大部分人都能够参与的话题，因为个人的兴趣爱好、知识面不同，所以话题尽量不宜太偏、太专业，这样其他人才有参与的积极性。

话题首选轻松的、“万金油”式话题，比如天气情况、旅游观光、风土人情、文艺演出、流行时尚、文学、艺术、历史、经济等。这一主题的前提最忌讳不懂装懂，贻笑大方。对于专业性较强的内容，向客人中懂行者请教然后倾听也是很好的方式。

可以选择和工作专业相关的话题。比如向对方请教他们行业情况；或者如果对方有兴趣，向对方介绍自己本行业的情况。

时事新闻。时事新闻是大家都关注的，这样的话题能调动大家的参与性，但切忌加入过多的个人感情色彩。

谈论共同感兴趣的话题，比如都爱好美食，就谈论美食；如果都在投资股票、基金，谈论基金就是非常好的选择。

谈论故乡。在中国人看来，稍微熟悉之后，询问对方是哪里人并不认为不礼貌。同时，知道对方是哪里人之后，谈论对方的故乡，比如故乡的名人、名景、名吃，是对方非常乐意听到，也愿意谈论的，其他人也同样有兴趣洗耳恭听。

共同的经历。如果毕业于同一所学校，或者在同一个地方生活过，谈论这样的话题不愁没有话说，同时也能拉近彼此的距离。也可以根据年龄选话题，青年人血气方刚，一般说话少有顾忌，夸夸其谈，但见解不一定正确；中年人社会阅历较多、心理压力较大，内心世界要复杂得多，一般讲话比较谨慎，在话题的选择上也更实用些，如了解社会治安状况、时事动态等；老年人阅历丰富，见多识广，但一般都沉默寡言，很少流露，只有在激发对方的兴奋点（比如“想当年”的话题）时，才会海阔天空、滔滔不绝。

**禁忌话题**

“酒逢知己千杯少，话不投机半句多。”酒桌上哪些话题不宜选择呢？

政治等敏感话题，以及有可能引发争议的话题。

男女共处时，说黄色笑话，或者说长道短，讲八卦流言。

议论第三方，特别是第三方的负面“新闻”。

讲有关疾病、不卫生、污染等可能影响食欲的话题。

议论他人的不幸遭遇，而且没有任何同情心。

在餐桌上高调地谈论自己如何获得成功，没有任何谦虚的语气。

在客户面前，谈论本单位本行业的高利润。

个人的婚姻、收入、女士年龄、个人生活等隐私问题，不是关系泛泛者应该谈论的。

**注意事项**

即使主方之间有人许久没见，借此宴请又相聚，兴奋聊天的同时必须照顾到客人，宴请中一切都应以客人为主。

商务宴请中，如客人是外地人，那么主方和客人或者主方人员之间在餐桌上聊天时，应避免使用方言，这是礼貌和尊重的问题。

咽下食物再说话，不要一边咀嚼一边说。看到他人正在进食应等一等，先别和他讲话。

餐桌上的谈话，可以适当诙谐幽默，这样不仅能调节气氛，更能给他人留下深刻印象，无形中对你产生好感。

说话应注意控制音量，不要大声喧哗、隔桌叫喊。

应和餐桌上尽可能多的人特别是左右邻座交谈、做眼神交流，避免只和个别人耳语，否则会给他人一种神秘感、被排斥感（如图 6–4 所示）。

交谈高兴之余，笑闹有节制，不能拍桌子、敲碗。

餐桌上，不宜录音、录像或记录，如有必要，应该先获得对方的首肯。

## 商务餐桌礼仪禁忌

恐怕很多人都遇到过有人因不注意餐桌礼仪，让他人扫兴甚至倒胃口。商务往来的餐桌，不是在自己家里的私人场所，所以必须注意举止言行，不做让人反感的人。

用中餐期间身体略向前倾，胳膊肘不能上桌，不要趴在桌上。站起来夹菜是不雅观的，放在远处的菜要等转到自己面前时再夹（如图 6–5 所示）。

每次从盘中夹菜后，先在自己的食碟或者碗中稍作停留再放进嘴里。

图 6-4 餐桌不是耳语场所

图 6-5　起身夹菜不礼貌

一定要在餐桌上剔牙时，用一只手或餐巾遮挡一下。剔出来的残渣包到纸巾里，绝不能“二次回炉”。

不管筷子上是否残留着食物，都不要去舔、吸。

说话时放下筷子，不要拿在手里挥舞，更不能作其他用途，如剔牙、挠痒等。

不要直接把公勺往自己嘴里送。即便是自己的勺子，也不要吮吸、舔食。

食物太烫时，不能用嘴吹凉。

别往不用的碗里乱放东西，包括不用的餐巾纸。

食物残渣、骨、刺，不能直接从嘴里吐在食碟上，应用筷子或手协助。

餐巾即口布，是用来擦手、擦嘴的，而不是用来擦拭筷子、擦汗、擦鼻涕的。

取食菜肴时，不要翻来覆去，或在菜盘内挑挑拣拣，甚至夹起来又放回去。

咀嚼食物时不要说话，避免叭叭作响的咀嚼或吞咽声。

不要只吃一道菜，即使有自己不喜欢的菜也要适当品尝一下，特别是他人点的菜。

餐桌上避免当众清嗓子、吐痰、擤鼻涕。

避免不好的零碎动作，比如打哈欠、抠鼻孔、抓头皮等。

餐桌上忍不住打嗝、咳嗽时，赶快用餐巾捂住嘴，头转向一边，事后对旁边人说声“对不起”。

中途需要去洗手间，不可以直接说“去洗手间”“上厕所”。即使他人问起，也可以简单地说“打个电话”“失陪一下”。

不要当着客人的面砍价或付款。买单也叫“埋单”，就是要“埋”着买单，悄悄地处理好。

大型宴会，不能刚吃完饭就马上离开，应在主宾之后提出告辞。

## 西餐礼仪与禁忌

贾经理出差到国外，跟合作伙伴一起用西餐。贾经理自信满满，因为提前做了攻略，怎么用刀叉、怎么对付不同的食物……正如预想得那样，他的用餐举止跟合作方一样自然、得体，双方边用餐边友好地沟通着。这时上了一道菜，他尝了尝，觉得味道太淡，他看到了餐桌上的胡椒瓶，便伸手拿过来就往自己的食物上抖。可能是没掌握好力度，也可能是把胡椒瓶拿得太高，他马上就忍不住想打喷嚏，于是他赶紧转身连打两个喷嚏。同桌的好几个人也都开始打喷嚏……那一刻，他觉得很尴尬，恨不得找个地洞钻进去。

西方文化因其使用的餐具，也被形象地称为刀叉文化，和筷子文化的饮食习惯相比，其有着截然不同的特点。我们不适应西餐食物、不会用西餐餐具，就像外国人不会用筷子、不适应中餐食物一样，不是什么难堪的事情。只是，如我们如能熟练西餐礼仪，在对外交往中就更加从容，并避免不必要的尴尬。

**餐具使用**

西餐中用盘子盛食物，用刀叉即切即吃。喝汤则有专门的汤匙，而且各种不同的酒还有专门的酒杯。使用刀叉的基本原则是右手持刀或汤匙，左手拿叉。如果有两把以上，应由最外面的依次向内取用。也就是说，第一道菜用最外侧的餐具，然后顺序向内推移，每道菜用一副餐具，直到每件都用过为止。

刀叉的拿法是轻握尾端，食指按在柄上，不可以翘着小指头拿刀。切东西时左手拿叉按住食物，右手执刀将其切成小块，用叉子送进嘴里。使用刀时，刀刃一定要向内。如果感觉不方便，可以换右手拿叉，但更换频繁则显得粗野。吃体积较大的蔬菜，可用刀叉来折叠、分切。较软的食物可放在叉子平面上。如果菜肴上桌的时候上面特别附有餐具，那就要使用附有的餐具。

说话时手里可以拿着刀叉，但不能挥动。不用刀时，可用右手持叉，但做手势时，就应放下刀叉。不要一手拿刀或叉，而另一只手拿餐巾擦嘴；也不能一手拿酒杯，另一只手拿叉取菜。使用刀叉时，尽量不使其碰撞。

汤匙用右手拿，拿汤匙的柄端，食指在上，按住汤匙的柄，拇指和中指在下面支撑，汤匙的尖端部分对着自己的嘴。喝汤时，由内向外舀，每次不要舀得太满。

西餐中需要用手解决的菜，比如虾，就会同时送上洗指碗——一种盛着水的精致小碗。洗的时候把一只手的手指伸进去轻轻地洗一洗后拿起来，再伸另一只手，然后在餐巾上轻轻擦一擦。

如需自己往食物上加调料时，务必掌握好力度与高度，尤其使用胡椒瓶的时候。

**餐巾礼仪**

在餐桌坐定后就应该展开餐巾，盖到膝盖上。展开餐巾并折放的过程在桌下完成，而不是在空中抖动。午餐餐巾应全面展开；而大面积的晚餐餐巾，则应把餐巾往内折 1/3，让 2/3 的开口朝外平铺在腿上，盖住膝盖以上的双腿部分。打对折是为防止错拉餐巾，而开口朝外则是方便拿起擦拭嘴。不能把餐巾掖在裤腰带、裙子或者领子里，也不应将餐巾垫在骨碟下面。

除使用餐巾擦拭嘴、手、手指以外，也可在吐出鱼骨头或水果核时，用餐巾擦拭嘴。擦嘴时，拿起餐巾的末端顺着嘴唇轻轻压一下，弄脏的部分为了不让人看见，可往内侧卷起。将鱼骨头或水果核吐出时，可以用餐巾遮住嘴后，用手指拿出来或吐在叉子上再放在餐盘上。也可以直接吐到餐巾内，再将餐巾向内侧折起。需要换餐巾时服务人员会注意到并主动换上一条新的，也可以自己主动要求更换。

餐巾可以弄脏，就餐中如果取出手帕或面纸而不用餐巾的话，反而有违用餐礼仪。虽然餐巾可以弄脏，但用来擦脸、擦汗或者擦鼻涕，或者将口红整个印在餐巾上都是失礼的。

在西餐厅，切忌用餐巾擦餐具，否则主人或餐厅会认为你嫌餐具不干净，这是让主人和餐厅都感到尴尬的事情。

暂时离开座位，将餐巾简单折一下放在椅面上，不能挂在椅背或揉成一团放在桌上。用餐结束，可以把餐巾随意折叠放在甜点盘左边；如果甜点盘已拿走，就放在自己餐位的中间。

**开始与结束**

西餐中延续了社交中的“女士优先”原则，女士在宴会中是主角，要看女主人行事。女主人铺餐巾时，其他人才可以拿起餐巾铺在腿上。女主人等到每位客人都拿到菜后才拿起她的刀叉，客人才可以拿起刀叉，这就表示正式开餐了。

而如果女主人不在场，坐在男主人右边的嘉宾是第一个开始吃的人——先开始是她的责任，其他人跟随其后。

西餐进行中，中途想略作休息后再继续吃，应把刀叉放在垫盘上呈“八”字形，刀刃朝内，叉尖向下。吃完一道菜、餐具可以收走时，刀叉要平行摆放在垫盘上，刀刃朝内，叉尖向上（如图 6-6 所示）。

西餐中通常有两次干杯：第一次在开餐之前，主人以干杯来欢迎各位来宾。第二次是在甜品上来之前，主人提议为尊贵来宾敬酒。这时主人要站起来敬酒，宾客仍然可坐着。当每个人为他干杯时，尊贵来宾这时并不饮，因为他不能为自己干杯。所有人干杯之后，

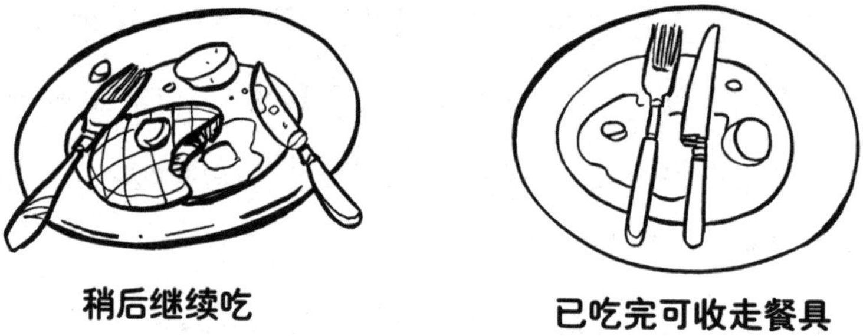


图 6-6 刀叉摆法有讲究

尊客再起身致答，并举起酒杯干杯。

一起用餐的女士或邻座女士起身离座，男士应微微欠身相送；女士回来时再欠身相迎。

当女主人将铺在腿上的餐巾拿起放在桌上时，表示用餐结束，所有人都应停止用餐、放下餐具。这时，男士应帮助隔座长者或女士拉椅。女主人应先离座，客人再一起随着离开，餐巾放在桌子上。这时候，人们一般会退出餐厅，到客厅或者其他房间里，一边喝咖啡（或茶）一边聊天。

西餐结束后，第一个告辞的应该是主宾。通常情况下，如果主宾不主动告辞，主人不应“撵”大家走，而且其他来宾也会礼貌地等待主宾先动身，因为其他客人在主宾之前告辞是非常失礼的。所以当自己是主宾，就要适时退场，饭后约 30 分钟就可以向主人告辞。之后其他的客人视情况而定，跟着向主人一一辞别，然后陆续离开。离开时要礼貌地跟主人或者其他客人打个招呼。

如是西餐正餐，最好在第二天上午给主人打个电话或发个微信以表达感谢。

## 参加酒会礼仪

来自一位学员分享。第一次参加酒会时，发现酒会上的酒和小食品都不错。于是吃喝得有点着急，打了一晚上的嗝。当时只想找个地缝钻进去，更别提交际了……

酒会是一种简便、轻松的交际形式。工作往来中，现在也常有酒会这种形式。

**酒会的特点**

一般的酒会，穿着上不必像宴会或舞会那样太正式，可以穿得时尚一点。如果没有异常体味，不必用香水。酒会这样的场合，香水味混杂酒或者食物的气味之后，并不是谁都能受得了。

鸡尾酒会一般从下午 6 点或 6 点半开始，持续 2 小时左右；正餐之后的酒会通常在晚上 9 点开始，11 点或 12 点结束，周末会更晚点。

酒会就餐用自助形式，以酒水为主，食品从简。食品有甜品、汤、水果、菜肴，其中菜肴是凉菜。

**注意交际**

酒会目的在于展示个人魅力，促进交际。所以参加酒会时，不应做“深沉”的“潜水艇”，而是抓住时机，积极地和自己感兴趣的来宾交谈，以获得信息、联络感情、结交新知。

看到旧友应主动打招呼、寒暄。对于想要结识的新朋友，找机会踊跃自荐，不要等着人家主动给你“烧香朝拜”。和别人攀谈，即使话不投机，也没有必要显出不耐烦的表情，或急于脱身，或者掠过对方扫视别人甚至左顾右盼。最好的办法就是交谈时给对方留出

图 6-7　酒会应重交际而非豪饮

随意离开的机会，或者提议两人一起去和一位共同熟识的人见面；或者向对方说明，自己要去和一位老朋友打个招呼。

随时注意用左手拿酒水或者食物，以便空出右手和人握手。握手时注意手的清洁，不要把沾有食物末或油渍的手伸给别人。

酒会上，男士应该注意照顾女士，这是应有的风度。相邻的女士酒杯空了，主动为其添酒，或为其叫来侍者斟满酒水。没有人与其说话时，主动上前与其交谈，不应使女士受到冷落。而女士对来自男士的照顾，应该欣然接受并表示谢意。

酒会上的贵宾，往往都是大家争相攀谈的对象，而不属于某个人的“独享”，所以和贵宾交谈注意适可而止，给别人留下搭讪的机会，即便是你一直想认识的或对自己有重大帮助的人。同样，你是贵宾的话，必须注意不要只和一两个人聊天，而应和尽可能多的、想和你说话的人做适当交流。

酒会是以酒为媒介的高雅交际场所，不是热闹的餐桌。所以虽然备有各种美味酒水，但切记不要贪杯、不要劝酒、不要喧闹。

**把握离开时间**

鸡尾酒会在晚上 8 点左右结束，正餐之后的酒会一般不严格限定时间长短，可以根据自身情况确定告辞时间。如有请柬，则按请柬上写明的时间起身告辞。有事需要提前离开时，告辞不应引人注目，以免破坏酒会气氛。自己是主宾的话，应先于其他客人告辞，主宾一般在用完点心后的 20~40 分钟告辞。普通客人不应先于主宾告辞。

离开前应向主人当面致谢（有女主人时，则向女主人致谢）。最符合礼仪的做法是第二天再给主人打个电话或发条微信致谢。

## 葡萄酒：适宜品味的醇香

葡萄酒的饮用方式和中式酒有很大不同，喝葡萄酒一般称为“品酒”，意味着这是一项重在欣赏和品味其意境的方式，开怀畅饮是大忌。对点酒、开酒、品尝等，都有其独特的讲究。而那种葡萄酒中兑雪碧，只是“具有中国特色”的不得体方式，同时也破坏了葡萄酒原有的韵味。

按色泽分为红葡萄酒、白葡萄酒和玫瑰红葡萄酒。但白葡萄酒并非就是白色，只是相对于红葡萄酒而言。

按形态来分，有起泡酒和静止酒。香槟就是起泡酒；静止酒就是不会冒气泡的酒，如干红和干白。

按糖度分为干型、半干型、半甜型和甜型。

按酒精度来分，葡萄酒的酒精度一般在8%~14%，而加强型葡萄酒的酒精度在15%~22%。如葡萄牙波特酒和西班牙雪利酒。前者在发酵中加白兰地，后者则在发酵后添加。

西餐宴会中的酒，分为餐前酒、佐餐酒、餐后酒三种，总的来说就是口味清淡的菜式与香味淡雅的、色泽较浅的酒水相配；深色的禽类肉菜肴与香味浓郁的酒水相配；餐前选用旨在开胃的各式酒品；餐后选用各式甜酒以助消化。

餐前酒，也称为开胃酒，是在开始正式用餐前喝，或配开胃菜。如法国和意大利生产的味美思酒；也有鸡尾酒作为餐前酒的，如血腥玛丽。

西餐里的佐餐酒都是葡萄酒，而且大多数是干葡萄酒或半干葡萄酒。正餐或宴会上选择佐餐酒原则是：白酒配白肉，红酒配红肉。鱼类及海味菜肴和肉类相配的酒品有干白葡萄酒、淡味玫瑰葡萄酒，如德国的莱茵白葡萄酒、法国的布多斯白葡萄酒、美国的加州葡萄酒、中国的王朝白葡萄酒等。一般选用半干型的口味。从品质上来说，现在我们国产葡萄酒已经可以和世界知名品牌的葡萄酒相媲美，而且性价比更高。

餐后酒指的是在用餐之后，用来助消化的酒水。常见的餐后酒是利口酒，又叫香甜酒。最有名的餐后酒就是白兰地酒。

点酒，一般由主人点；主人不懂酒时，可以请懂酒的客人代点，这完全符合西餐礼仪。也可以把想喝的量、自己的预算、喜欢的口味等基本要求告诉服务人员，请其推荐。他们会为你提供专业的服务。

葡萄酒的价格从几十元到逾万元的都有，看酒来自哪个酒庄和酒的年份。一般不错的法国红酒都来自波尔多区。在餐厅里你可以点一瓶、半瓶或者论“杯”点酒。

酒送来后，点酒人要检视酒庄名、酒名、年份是否正确。如果以你的酒为荣，可以让客人看看酒标名，因为上面有酒的来历、年份等信息，懂葡萄酒的人会据此了解到酒的品质。

餐前至少把白葡萄酒在冰箱里放 2 小时，或在有冰水的酒桶中放 20 分钟。

开瓶前先注意酒温（冰）度是否适宜。白酒冰至 8℃ ~12℃，红酒冰至 10℃ ~18℃（夏天气候热，可先冰一下），气泡酒冰至 8℃ ~10℃。开瓶前切记不要把酒瓶摇来晃去，以免有沉淀污浊了酒。如在餐厅里用餐，开瓶后检查一下软木塞是否有发霉现象，如有可以要求服务人员换一瓶。

开瓶后，服务人员会先倒一点酒给点酒人试喝，试喝人要看看酒的颜色，轻轻地晃晃酒，再闻闻酒香，最后再喝一小口品尝一下。然后服务人员就会继续添酒。

多年陈酿酒，开瓶后可以要求“呼吸透气”，名为“醒酒”；有的则需先“换瓶”再“呼吸透气”，再由点酒人试酒。

斟酒的时候，红葡萄酒斟 1/3 杯就行；白葡萄酒斟 2/3 杯，白兰地斟 1/2 杯；起泡酒分两次斟，先斟 1/3 杯，待气泡稍退再斟至 3/4 杯。

一个杯子不要前后倒不同颜色的酒。

红、白葡萄酒持酒杯方法不同。喝常温（16℃ ~18℃）的红葡萄酒时，用食指和中指夹住杯柄，掌心向上托住杯子；喝冰镇红、白葡萄酒时，拇指、食指和中指捏住杯柄，手部不接触杯子，以免影响酒温。杯子放在桌面，手持杯脚，轻轻晃动杯子，使酒液在杯中晃动，让酒和氧气结合，产生香气（晃杯动作三五秒钟就行，不必晃个不停），可以使口感更佳。

把一小口酒含在口中，让酒在嘴里回荡一下，以均匀地感受酒液味道，然后再慢慢咽下。西餐中，大口大口吞咽葡萄酒，是一种失仪。

边品酒边透过酒杯看人、拿着酒杯边说边喝、吃东西的同时喝酒等，都是失礼行为。

西餐的晚宴后通常还会有餐后饮，即餐后再斟上一些特别的饮料：利口酒，白兰地或甜酒，以助消化，也可以是一杯咖啡。餐后饮最著名的还是白兰地，另外，还可能是一些上好的甜酒：雪利、波特、马爹利等。这时候也是主随客便，绝不强行劝酒，大家边饮边聊。

## 咖啡：优雅中体现风度

咖啡是欧美国家最重要的饮料，这里介绍适合商务场合的、相对简化的咖啡礼仪。

可以自己磨好咖啡豆以后用咖啡壶煮制，也可以用开水冲速溶的，但速溶咖啡是咖啡中的快餐，并不适合在正式场合喝。喝咖啡时可以加入牛奶和糖，称为牛奶咖啡，也可以不加牛奶和糖，叫黑咖啡或清咖啡。还有一种加威士忌酒的，叫爱尔兰咖啡。餐桌上更讲究喝黑咖啡，一般认为既是品位的象征，也可以更好地化解油腻。

**咖啡杯具使用**

咖啡杯必须是瓷的，有杯耳，下面有咖啡碟。咖啡杯和咖啡碟同时使用。

咖啡匙只用来搅拌咖啡，搅拌好应立即放在咖啡碟外边或左边，不要一直立放在杯内。

咖啡碟的作用是避免喝咖啡时弄脏衣服，如碟里有溢出的咖啡，可以用纸巾吸，并同时擦干杯底，但不要端着碟子喝或泼到地上。

现在很多场合，越来越多只用单个咖啡杯了。这时候咖啡匙怎么放呢？直接放在桌上、桌布上、杯垫上？都不行。可以放在黄油盘子或者手边其他盘子上。如果都没有，可以直接要一个小盘子来放咖啡匙。

**饮用咖啡**

给咖啡加奶和糖，则先放糖后放奶，这样能让咖啡的热度充分融解糖。

给咖啡加糖时，砂糖可用咖啡匙舀取，再加入杯内。方糖，先用糖夹把糖放到咖啡匙上，再用咖啡匙把糖加进杯内。即使咖啡中的糖长时间没有融化掉，也不要用咖啡匙捣碎。

宴会场合，不习惯咖啡加糖或牛奶，告诉主人或服务人员点黑咖啡就可以。

冲泡咖啡应先烫杯。咖啡入口温度在61℃~62℃最理想，所以冲泡后10分钟内饮用口感最佳。喝花式咖啡如泡沫味咖啡、摩卡咖啡时，应随时用纸巾把唇上沾到的奶油或泡沫擦掉。

刚刚煮好的咖啡太热，可以用咖啡匙在咖啡杯中轻轻搅拌使之冷却，或者等待自然冷却后再喝，用嘴吹凉是不雅的行为。持咖啡杯优美的方式是用拇指和食指捏住杯耳，再轻缓端起杯子。身体离餐桌较近时，上身挺直，右手持杯。不要双手握杯喝，也不要俯下身子趴在杯上喝。如离餐桌较远，用左手把咖啡杯、碟一起端至齐胸处，然后左手持碟不动，右手拿着咖啡的杯耳端着杯子慢慢往嘴里送。喝咖啡忌讳大口吞咽、响声大作，而是温文尔雅地小口品味。

用咖啡待客时，不能用有破损或裂纹的杯碟待客。杯子一定要干净，不能有茶锈、咖啡垢或者口红印。给他人端咖啡的时候应用右手；咖啡上来时，应放在饮用者的正面或右侧，杯耳向右。

**咖啡馆礼仪**

泡咖啡馆，似乎很“小资”，但也同样是都市商务人士的选项。选择在咖啡馆，说明大家希望适当放松一点。穿着打扮上，和进茶馆的穿着要求差不多，即可以从公司直接进咖啡馆，而不必刻意打扮。

从很多人的习惯上来说，下午四五点之后再喝咖啡容易导致晚上失眠。所以下午四五点之后去咖啡馆，可以征求意见或建议，是点咖啡还是其他饮料。至于小甜点，可在征求客人意见的基础上点上一两样。

同样，进咖啡馆不是为了解渴，所以务必保持喝咖啡的基本礼仪。

咖啡匙搅拌时不要发出叮当声，搅拌完就放在杯碟上；用嘴吹凉咖啡，当然也是失礼行为。

一定要把咖啡咽下去后再说话，同时不要在别人喝咖啡时提出问题。适时和对方交谈，不能端着杯子说个不停，而让对方无所适从。交谈时，注意降低音量，不要大声喧哗，乱开玩笑。自己喝咖啡后、要讲话前，最好先用纸巾擦一擦嘴，擦去可能沾在嘴角的咖啡沫。

一杯咖啡喝完可以再点，而不是像喝茶一样再续水。一般一两杯就可以了，不能一杯接一杯不停喝。

咖啡馆是幽雅的社交场所，所以不要在咖啡馆里嬉闹、吸烟、打牌等以影响他人的娱乐活动。同时，在咖啡馆里面的沟通同样要尊重这样的社交氛围，轻松、不拘谨是基本要求。

## 饮茶：被忽略的礼仪细节

饮茶，饮的是生活态度，品的是人生百味。不管中外，各种场合都有饮茶、以茶待客的习惯。中式茶、西式茶的品饮礼仪，多有不同。这里介绍适合商务场合的、相对简化的礼仪细节。

**品中式茶礼仪**

我们中国是茶的故乡，中国茶文化糅合了中国儒、道、佛诸派思想，独成一体，是中国文化中的一朵奇葩。中国式品茶本身就是极优雅、高境界的艺术享受。

准备工作。茶叶质量的好坏，普通人难以分辨，最省事的方法就是选用传统的名茶。

泡茶最好用山泉水或纯净水，普通的自来水不是最佳选择。如果只能用自来水，可以先装好自来水放置三四个小时；或者把自来水烧开的时候，打开锅盖再煮 5 分钟。

品茶应选用陶制品、瓷制品的茶具，这样更能保证茶汤的原汁原味。玻璃杯更方便欣赏茶的色、形，但对茶汤的味有减分作用。

怎样冲泡。泡茶的水温根据茶而不同。绿茶类名茶尤其新茶、黄茶，不宜用 100℃的沸水冲泡，一般以 80℃ ~90℃左右为宜。这里说的 80℃ ~90℃，是指将水烧开再冷却后的温度。茶叶越嫩、越绿，冲泡水温越要低，这样泡出的茶汤才会嫩绿明亮，滋味鲜爽，茶叶维生素 C 也较少被破坏。而在高温下，茶汤容易变黄，滋味较苦。

泡饮红茶、白茶及中、低档绿茶，则要用 100℃的沸水冲泡。

泡饮乌龙茶、黑茶，必须用 100℃的沸滚开水冲泡。如水温低，则渗透性差，茶中有效成分浸出较少，茶味淡薄。

少数民族饮用的砖茶，则要求水温更高，将砖茶敲碎，放在锅中熬煮。其口味醇厚。

冲泡一般的红、绿茶，每杯150~200毫升的水量放约3克茶叶，3~5分钟后就能饮用；普洱茶，每杯150~200毫升的水量放约5~10克茶叶，泡5分钟就能饮用；乌龙茶多用小型紫砂壶，每次投入量几乎为茶壶容积的1/2，甚至更多。第一泡1分钟就要倒出来，从第二泡开始要逐渐增加一点冲泡时间，这样前后茶汤浓度才比较均匀。

敬茶：茶泡好后端给客人，切忌用手抓提杯边缘或抓住杯口，正确做法是用左手托住杯底，最好下垫托盘，右手拇指、食指和中指扶住杯身。

闻香：鉴赏茶叶冲泡后散发出的清香，包括留在碗盖上的"盖香"。

观汤：欣赏茶叶在冲泡时上下翻腾、舒展过程，茶叶溶解情况及茶叶冲泡沉静后的优美姿态。

品味：品茶讲究平心静气，并非为了简单的解渴，重在品味其中的意境。禁忌"豪爽"式一饮而尽，或喝得咕咚咕咚响。应当慢慢地一小口一小口地仔细品尝。可以从杯口吸吮一小口，茶水通过舌头，扩展到舌苔，直接刺激味蕾，微微、细细、啜啜品味。绝对不能"吸茶"或大口"喝茶"。不小心喝到茶叶，最好的办法是不动声色地吃掉，或悄悄地用餐巾纸包住，而不是吐回杯中。

斟（续）茶：给客人斟茶时，不要等客人喝到快露杯底再加开水，而要勤斟少加。每次加到杯子容量的2/3为宜。大家谈兴正浓时，不能频频斟茶；茶水过淡时应重新添加同一种茶叶冲泡，客人要求更换时除外。

敬茶或斟茶时，遵循身份从高到低、先客后主的顺序。如人较多，就以顺时针方向依次进行。

**饮西式茶**

西式茶，往往讲究加糖、牛奶或柠檬。喝西式茶，也要像喝咖啡般优雅。

现在流行的清茶，如中国的绿茶、薄荷茶，这些不需要加糖和牛奶。但如果是印度茶、红茶或英国茶就可以加，量多量少因人而异。

红茶类可以加奶制品则变成奶茶，或加柠檬则成柠檬红茶，但不要既加奶又加柠檬，因为酸会使牛奶凝结，使整杯茶看起来不美观。袋包茶的话，不应一直把茶包放在杯里，觉得茶色够浓之后可以将其取出来，放在茶杯旁边的茶碟上而不是桌上。觉得茶太浓太苦，可以请服务员加开水；嫌淡，就把茶包放回杯中泡一会儿。

**茶馆礼仪**

所谓“君子之交淡如水”。请商务伙伴去茶馆喝茶是个不错的选择，少了几分在办公场所的拘谨，多了些轻松和惬意。

茶馆这样的场合，平时上班时的穿着打扮就可以，商务休闲的打扮也可以。避免穿着夸张、暴露或浓妆艳抹。

喝什么茶，应征求对方意见、尊重对方的选择。对方推辞不选时，可以点该茶馆的镇馆之茶，或根据对方所在地域相应所产的名茶给予推荐。茶点，同样应征求对方意见。作为客人往往都会提供标准答案“不用不用”，这时主人不要真的“不用”，而应点一两种茶馆招牌茶点。这不是用餐，所以茶点摆满桌子就显得有点摆谱了。

茶馆是宜静不宜闹的场所，沟通交谈务必保持尽可能低的声音，不影响他人。包括穿着的高跟鞋，也应尽量避免发出大的声音。

女士在喝茶前，应用纸巾拭去口红，以免在杯上留下唇印。

在茶馆只是以茶为媒，不是为解渴，而是交际。一般来说，在茶馆这样轻松、高雅的氛围中，与之相应的沟通氛围也应适当轻松、随意一些，避免像谈判或办公室会谈那样的拘谨。

注意把握节奏，避免出现冷场。不说话、一杯杯地不停喝茶；或者不停说话，让对方没机会喝茶，都是欠妥的表现。作为主人，应该主动把握节奏，注意停顿，并做出喝茶邀请。

在茶馆喝茶其实应该是“品”，特别是名茶，所谓一口为尝，二口为喝，三口为品。但在商务场合，这种讲究是相对的。当对方大口大口地喝，主人却在这里慢条斯理地一小口一小口地品，并指出对方的不对，让对方难堪，反而是主人的失礼了。

留意客人的杯子。没有服务人员时，主人需要及时给客人续茶。注意勤斟少加，茶水剩一半左右就可以加水，每次加到杯子七八分满。大家谈兴正浓，不能频频斟茶；茶水过淡时应重新添加同一种茶叶冲泡，客人要求更换时除外。

**中国十大名茶**

西湖龙井。属于绿茶，产于杭州市西湖区。外形挺直削尖、扁平俊秀、光滑匀齐、色泽绿中显黄，一芽一叶或两叶。冲泡后，香气清高持久，香馥若兰；汤色杏绿，清澈明亮，叶底嫩绿，匀齐成朵，芽芽直立。

洞庭碧螺春。属于绿茶，产于江苏吴县（现苏州市吴中区）太湖洞庭山。银芽显露，一芽一叶，芽为白毫卷曲形，叶形卷如雀舌，曲青绿色，叶底幼嫩，均匀明亮。冲泡后，味鲜生津，清香芬芳，汤绿水澈，叶底细匀嫩。

白毫银针。属于白茶，产于福建东部的福鼎和北部的政和等地。白毫银针满披白毫色，白如银，细长如针。冲泡后，银针挺立，上下交错；汤色黄亮清澈，滋味清香甜爽。

君山银针。属于黄茶，产于湖南岳阳君山。由未展开的肥嫩芽头制成，芽头肥壮挺直，匀齐，满披茸毛，色泽金黄光亮，香气清鲜，味甜爽。冲泡后，芽尖冲向水面，悬空竖立，然后徐徐下沉杯底，形如鲜笋出土，又像银刀直立。

黄山毛峰。属于绿茶，产于安徽黄山。茶外形细扁微曲，状如雀舌。冲泡后，水色清澈、杏黄、明亮，香如白兰，味醇回甘。叶底芽叶成朵，厚实鲜艳。

武夷岩茶。属于乌龙茶，产于福建武夷山。武夷岩茶属半发酵茶，制作方法介于绿茶与红茶之间。其主要品种有“大红袍”“白鸡冠”“水仙”“乌龙”“肉桂”等。冲泡后，茶条壮结、匀整，叶底软亮，叶边朱红，叶心淡绿带黄。茶汤呈深橙黄色，清澈艳丽，有浓郁持久的“岩骨花香”，饮时甘馨可口，润滑爽口，回味无穷，耐冲泡。

安溪铁观音。属于乌龙茶，产于福建安溪。叶体沉重如铁，形美如观音，多呈螺旋形，色泽砂绿、光润、绿蒂，具有天然兰花香。冲泡后，叶底开展，叶绿红镶边，肥厚明亮，每颗茶都带茶枝。汤色清澈金黄，味醇厚甜美，入口微苦，立即转甜，耐冲泡。

信阳毛尖。属于绿茶，产于河南信阳车云山。外形条索紧细、圆、光、直，银绿隐翠，内质香气新鲜，叶底芽壮嫩绿匀整，一般一芽一叶或一芽两叶。冲泡后汤色清绿明亮，香气鲜高，滋味鲜醇。

庐山云雾。属于绿茶，产于江西庐山。青翠叶厚毫多，条索粗壮。冲泡后，汤色明亮、叶嫩匀齐，香浓味甘。汤味似龙井茶，但比龙井醇厚。

六安瓜片。属于绿茶，产于安徽大别山茶区。叶呈绿色光润，微向上重叠呈瓜子形，一片不带芽和茎梗，色翠绿，香清高。冲泡后，水色碧绿，滋味回甜，叶底厚实明亮，耐冲泡。

“中国十大名茶”说法中，其他版本中还有：祁门红茶（简称祁红，产于安徽祁门县）、云南红茶（简称滇红，产于云南）、普洱茶（产于云南西双版纳，属于黑茶）、都匀毛尖（产于贵州都匀，属于绿茶）等。

## 小提示大道理

商务往来中的用餐，重在交际，而非解馋、塞肚。所以必须注意尊次有序、举止有度，来者都是客，不宜亲疏明显。

# 第七课

# 仪式礼仪风度翩翩

THE
SEVENTH LESSON

## 他山之石

某单位领导告诉我。某次颁奖活动中，当他转身从礼仪人员手中捧上奖杯时发现大家都拿乱了，他准备将错就错继续正常颁奖，等下去后让大家再互相换一下。

这时边上的一位颁奖嘉宾也发现了，当即大声说：错了错了，赶紧换一下。

于是台上一通忙乱，一阵尴尬……

不管是仪式或其他场景，商务人都应了解并遵守相应的礼仪惯例和应对技巧。

毫无疑问，但凡仪式，对单位来说都是重要的场合。了解并尊重相应的礼仪规则，是每位参与者、领导或嘉宾义不容辞的责任。

## 欢迎仪式

我们经常在新闻节目中看到，国家领导人为迎接国宾来访而举行欢迎仪式。印象中，欢迎仪式都非常隆重。商务场合中的欢迎仪式，当然不可能也没必要像接待国宾那样隆重，但也应在条件许可的范围内，努力营造出庄重和热情的氛围。

**事先准备**

举办欢迎仪式，说明本单位对客人的来访非常重视，所以欢迎仪式务必安排得井井有条。事先需要做好以下几方面的工作：

了解来访者情况。乘坐什么交通工具、什么时间到、多少人、各自身份、大致年龄、民族与饮食禁忌等。对于异地客人，可以安排车辆接送。

安排接待人员。既然参加欢迎仪式的客人对本单位很重要，出面接待的人员应有一定身份，酌情考虑身份的对等性。人数上，要保证主宾有专人陪同，其他人员可以共有一位陪同照顾、解说介绍。

一对一式的接待，在客人的人数较多，比如超过五六位时，就显得不太合适：主方人员的阵势太庞大了。而如果人少，比如只有一位或者两位，接待人数相同或者多一位就可以了。

主方人员应穿商务正装，以示隆重和正式（如图 7–1 所示）。

如有统一的工装，主要接待人员也可以穿商务正装，以示隆重；其他人员可穿工装。

知道人数后，好安排接待人员、车辆、宴请等计划。知道饮食禁忌后，宴请安排必须予以尊重。

需要安排客人致辞时，应和客方提前做好沟通。

己方的欢迎词，为郑重起见，应该事先草拟好，做到内容简短、饱含真诚和热情。

**恭候客人**

欢迎仪式，主人必须提前恭候客人。在客人即将到达时，所有接待人员必须在现场等待，不应出现客人到达后找不到接待人员的情况。

有人曾咨询我：欢迎仪式上是否要安排乐队。我的建议是：绝大部分商务场合的欢迎仪式，实在不必那样铺张。尤其接待公职人员时如这样安排，就是在给对方挖坑。

欢迎仪式的横幅，根据客人来访目的写上欢迎标语。比如“热烈欢迎 ×××（姓名加职务）莅临我院指导工作”。

可以安排献花。有献花的欢迎仪式，足以表示非常隆重了。献

图 7-1　接待时注意人数适宜

花者，惯例上是由形象良好而年轻的女士担任，化淡妆，长发者应束起。最好穿着旗袍，至少也要穿着商务裙装。所献花必须用鲜花，一般都用花束，但不宜用黄色的菊花。具体选择哪些花，可以将你的目的告诉花店，他们会做出专业的搭配。但接待公职人员，现在已不允许安排献花活动，这一点要注意。

客人到达后，主接待人员起身走向客人，主动伸手和身份最高者相握，致以问候，同时做自我介绍。问候语要得体适当，可说“路上辛苦了”“欢迎您到本市”等。参加迎接的主接待人员和客人握手后，献花者走到客人面前，面含微笑、上身微向前倾，双手将鲜花捧到客人面前。这时候，客人也要面含微笑，双手接过鲜花捧在怀里。还需要握手时，将鲜花递给他人，或者左手捧花，右手握手。

双方都是多人，主方主要领导将己方人员按身份由高到低逐一介绍给客方领导，客方领导逐一和主方人员握手；之后客方领导再将己方人员逐一介绍给主方领导并握手。

**致欢迎词**

应该说，致辞是欢迎仪式的高潮部分。欢迎词是一种礼节性的外交或公关辞令，宜篇幅短小、言简意赅，字数控制在千字左右，能够五六分钟内演讲完。

怎么写欢迎词？现场用的欢迎词包括以下三大部分：

称呼。对客人的称呼，包括主宾及其他人员。通常要加尊称和职务、职称、头衔等。如“尊敬的 ×× 总经理”。如果欢迎对象是一个群体，就要根据具体情况来称呼，如“各位来宾，各位朋友”“各位新同事”，等等。

正文。欢迎客人的，一般要说明三层意思：表示欢迎、阐明这次来访的意义、表达良好祝愿。欢迎新成员的，则是表示欢迎、提出期望、表达祝愿。正文部分根据不同的欢迎对象和场合，确定不同的内容，要结构分明、条理清晰、言辞简洁。

结束语。再次表示欢迎和祝愿，表达感谢。

**合影**

合影是双方友谊的见证，所以在商务欢迎仪式中，合影是一项必不可少的内容。需要注意的是，商务场合必然有身份尊次的区别，就要讲究位次问题。合影位次一般都用国际上通行的以右为尊，不是接待外宾时也应考虑本地的习惯。具体如下：客人和主人两个人合影时，客人在右方；多人站成一排合影时，以中为上、右为上；排成多排时，前排为上。

多人合影，为避免合影时位次混乱，可以提前在相应座位椅背贴上姓名纸。合影时大家各自找自己的姓名，既方便又有序。

要举办欢迎仪式，应事先通知对方。

欢迎领导视察、宾客来访的欢迎仪式，可以按照上述内容和流程办理。

欢迎参观者，即对参加各项活动、论坛、会议、展览的人员表示欢迎；欢迎新成员，即对新员工入职或新领导到任表示欢迎。这两种欢迎仪式相对简化些。只需要在现场拉上横幅，或电子屏显示欢迎标题，安排相关领导致辞就可以了。

也可以把欢迎仪式和宴请合并在一起。

注意事项：接待公职（含国企）人员，欢迎仪式应该一切从简。不可以在机场、车站、码头组织迎送活动，不拉横幅，不献花，不铺迎宾地毯，不跨区迎送，严格控制陪同人数。

还有，接待要注意规格问题。比如都是接待某单位的两个处长，今天接待这个处长，是这个接待标准；明天接待那个处长，又变成高规格。同等级别但下了明显不同的菜单，这是很忌讳的事情。

来自《观察者网》的消息。2016年9月19日报道，乌克兰总统彼得·波罗申科携夫人玛丽娜前往美国参加第71届联合国大会，但在机场迎接他们的却是“破烂的地毯”。波罗申科和夫人站在飞机边上、一张寻常百姓门口的垫子那样大小且脏兮兮的“红毯”的照片在外网上被网友疯传。毯子小到总统和夫人都无法一起站在地毯上。有网友评论道，这样的地毯更适合用于卫生间，而非用于迎接总统。各国网友评论道，只能说东道主美国明显有失礼仪，也说明根本不在意这位来宾。

# 签字仪式

签字，往往被视为一项标志着有关各方关系取得重大进展成果的仪式。对这样事关各方关系发展史上“里程碑”事件，各方都应当严格地按照签字仪式礼仪要求，表达出己方严谨、认真、专业的态度。

流程了解。签字仪式时间跨度不长，但程序规范、气氛庄重而热烈，正式流程一般有六项：

一是礼节性会见，各方代表在会议室就座，进行礼节性会见、寒暄，时间要短，不谈实质内容。

二是主持人宣布开始，有关各方进入签字厅，在既定的位次上各就各位，主持人以先客后主、由职务高到职务低为顺序介绍各方嘉宾。

三是致辞，主持人请各方领导致辞。双边签字时，则先主后客，多边签字时则按签字顺序致辞。双方或者多方致辞这个程序也可以省略。

四是正式签署合同，一般先签署己方保存的合同文本，交换后接着签署他方保存的合同文本，签完好后换回己方的。

五是交换合同文本后，大家各举一杯香槟酒互相道贺，这是国际上通行的做法。

六是对外发布，对于重大、有影响或有新闻价值的签字仪式，条件许可时，签字仪式后可以举行新闻发布会。

准备工作。没有专用签字厅时，可以用会议厅、会客室来代替。签字厅内满铺地毯，除了必要的签字用桌椅，其他陈设都不要。按照国际惯例，签字桌是长桌，桌上铺深绿色台呢。

按照仪式礼仪惯例，签字桌横放室内。签字桌后面，可放两张座椅，供签字人就座。签署多边合同时，一般仅放一张座椅，供各方签字人签字时轮流就座；也可以给每位签字人都提供一张座椅。签字人一般面对正门就座。

具体签字桌摆放方式、签字人员及随行人员座次安排如图 7–2 所示。

签字桌上放好待签合同文本及签字笔。合同文本用白纸印成，用高档质料如真皮、金属、软木等作为封面。

签字桌正后方挂上“× × 签字仪式”字样的装饰、条幅或电子条幅，上面标明签字各方名称。

和外商签署涉外合同时，还要在签字桌插放各方国旗。插放国旗时，按照礼宾序列而行。例如，签署双边涉外合同时，有关各方的国旗需插放在该方签字人座椅的正前方。

注意服饰。签字仪式是非常正式的商务活动，所以，签字人、助签人以及随员出席签字仪式时，男士应当穿深色西装套装或中山装套装，深色皮鞋。穿西装就必须系上单色领带，配白色衬衫。

签字仪式上的礼仪人员、接待人员，可以穿自己的工作制服，

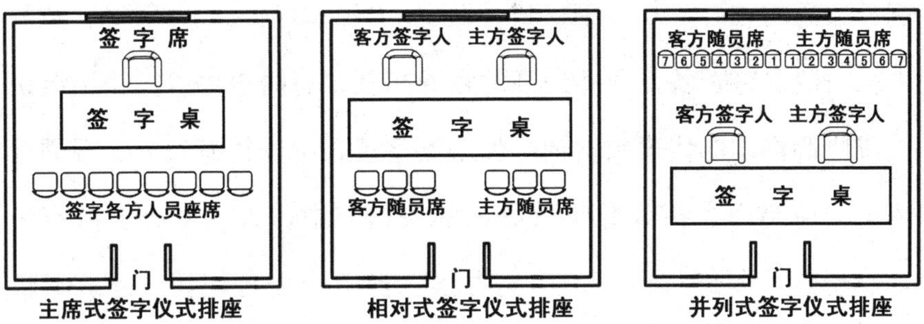


图 7-2　签字仪式座位安排有讲究

女性礼仪人员、接待人员也可以穿着旗袍一类的礼仪性服装。

人员安排。签字人是签字仪式上的主角。各方签字人必须具有代表一个组织的法定资格，或者由法人代表所委托的人员签字。委托签字时必须出示法人代表亲笔签署的委托书。各方签字人的职务和身份应一致或大致相当。所以各方担任签字人的身份，应事先通报对方。为了表示对签字的重视和庆贺，签字各方也可以派出职务较高的领导参加签字仪式，但也应当注意身份大体对等。致辞人，一般由签字各方职务最高的领导担任，有时也可以安排上级机关或协调机构的代表致贺词。如果签字仪式中安排有致辞、祝酒等环节，应当由主持人介绍致辞人的身份，主持人由主办方派有一定身份、形象好、语言表达能力强、善于应变者担任。还有见证人，主要是参加会谈的人员，各方人数应当大致相等，也可以邀请协调人、律师、公证人员参加。还需要安排助签人，助签人就是在签字过程中负责帮助签字人翻揭文本、指明签字之处、互换文本等工作。双方各安排一位助签人就可以了。隆重的签字仪式上，还应安排礼仪人员，以便在签字仪式正式开始之前引导双方进入签字厅，签字结束后端上香槟酒。礼仪人员由年轻、形象良好的女性担任。

现场举止。签署双边合同时，请客方签字人在签字桌右侧就座，主方签字人就座于签字桌左侧。双方各自的助签人，分别站在各方签字人的外侧，以便随时提供协助。双方其他随员，按照一定顺序在己方签字人的正对面就座；也可以根据职务高低，依次从左到右（客方）或从右到左（主方）地列成一行，站在己方签字人身后。一行站不完时按照以上顺序并遵照“前高后低”的惯例，排成多行。

签署多边合同时，各方签字人签字时依照各方事先约定的顺序，依次上前签字。各方助签人随之一同行动。助签时根据“右高左低”的惯例，助签人站在己方签字人左侧。各方随员按一定顺序面对签字桌就座或站立。

按照惯例，由己方保留的合同文本上，己方签字的名字应列在第一位。所以，每个签字人都应先签署己方保存的合同文本，然后再交由他方签字。

由助签人员翻开合同夹，指明合同签字的位置，签字人在文本上签字。无论是当时交换签署，还是签字结束后交换由己方保存的合同文本，都由各方助签人互相传递合同文本。签字结束后，各方签字人包括助签人都应热烈鼓掌，互致祝贺。主签人相互握手，以示庆贺；还可以相互交换签字笔，以示纪念。

这时双方可以共饮香槟酒互相道贺。此时的饮用应是小口品尝，即使碰杯也是如此。

安排致辞时，则可以在签字桌的右侧放置发言席或落地式话筒。现场致辞。签字仪式上主办方或者来宾的正式致辞不是必需项目。如果致辞，一般由双方首席代表或者发言人，以及被邀请参加签字仪式的其他重要来宾发言。致辞应简单、明了，内容分为三部分：

首先为对在座人员的称呼；其次说明这是什么签字仪式；最后表达祝愿和祝福。时间控制在 2~3 分钟左右。

## 颁奖典礼

颁奖典礼，事关嘉宾、获奖人员及礼仪人员三方的配合。

作为颁奖嘉宾，获奖者上台后，礼仪小姐端着托盘站在获奖者后面，等候颁奖嘉宾，接着由领位把颁奖嘉宾从会场右侧引领上台。礼仪人员站在颁奖嘉宾左边。

颁奖时，颁奖嘉宾保持微笑，双手从礼仪小姐手中接过奖杯或证书，双手颁给获奖者。奖品超过两样（如既有奖杯又有证书，还有鲜花）时，颁奖嘉宾则需要一件一件双手颁发。给一位获奖者颁完奖后主动与其握手，或在递奖品前握手表示祝贺，一般同时表达祝福，如“恭喜你”“祝贺你”等；也可以视颁奖仪式的主题来简短寒暄几句。

只有一位颁奖嘉宾和一位获奖者时：双方握手后并排站立、面向观众，拍照留念，然后由领位引领归位。

一位颁奖嘉宾给多位获奖者颁奖时：颁奖嘉宾从右至左依次颁奖，全部颁奖完毕后，站在最后一位获奖者身旁，或者走到正中央，面向观众，拍照留念，而后由领位引领至嘉宾席。

颁奖嘉宾与获奖者人数一致时：由领位引导颁奖嘉宾从右侧上

台，引导第一位颁奖嘉宾至左侧第一位，后面的颁奖嘉宾依次站立在相应获奖者面前。颁奖完毕后，颁奖嘉宾站在获奖者右侧拍照留念，然后由领位引导归位。

作为获奖者，获奖是件值得高兴的事。当然高兴之余，在众目睽睽之下还需要注意基本的礼仪。

跟随领位上台时，和其他获奖者保持合适距离并展现出自信的微笑。

上台后，面对观众响起的祝贺掌声，获奖者向观众鞠躬或挥手感谢。领奖时，要和颁奖嘉宾握手，身体稍微前倾，目光注视对方，同时微笑着礼貌地说声“谢谢”。

当手拿奖品时，可以象征性地举过头顶向观众展示自己的胜利成果。有合影要求时，获奖者应欣然答应，并礼貌合影，然后由领位引领走下领奖台。

同一次获奖的，奖项自然有高低之分。即使对奖项评定或颁奖人有意见，在台上时也必须表现出起码的风度，不能给观众或其他获奖人脸色看。

**特别说明**

颁奖典礼是隆重的仪式。不管是颁奖嘉宾还是获奖者，都应正装出席。

即使是礼仪人员或是颁奖嘉宾的失误，证书、奖品发错时，颁奖嘉宾和获奖者也不必大惊小怪，尽量做到不动声色，确保颁奖仪式正常进行，退场后再互相调换。

一次成功的颁奖典礼，事先准备及颁奖人员的训练都很重要。鉴于本书的篇幅，颁奖岗位的服务礼仪不再介绍。

## 剪彩仪式

有个剪彩仪式让我至今记忆犹新。主办方非常重视，为这次剪彩活动投入了大量人力和物力。剪彩嘉宾包括董事长在内共四位。相关人员致辞后，嘉宾们在音乐声中神采奕奕地登台。托盘人员捧着装有剪刀的托盘刚站在嘉宾身边，这时一位嘉宾拿起剪刀，就在其他三位嘉宾还没反应过来的时候，“咔嚓”一声，彩缎和彩球应声落地。无论是那位嘉宾，还是其他嘉宾、主办方，都尴尬至极。

剪彩仪式档次的高低，同剪彩者的身份有很大关系。剪彩仪式上担任剪彩者是一种很高的荣誉。按照惯例，剪彩者可以是一人，也可以是多人，一般不多于5人。

### 剪彩流程

一般来说，剪彩仪式宜紧凑，忌拖沓，短的一刻钟即可，最长的也不宜超过1小时。现场流程主要有六项内容：

请来宾就位。剪彩仪式上，通常只为剪彩者、来宾和单位负责人安排座席。在剪彩仪式开始时，即应敬请大家在已排好顺序的座位上就座，剪彩者坐在前排。剪彩者是多人时，则应按照剪彩时的站位位次顺序就座。

宣布开始。主持人宣布仪式开始后，乐队演奏音乐，现场可以放彩色气球，全体到场者热烈鼓掌。此后，主持人向全体到场者介绍来宾。

奏庆典喜庆乐曲。此刻全场起立，必要时也可以随之演奏本单位标志性的歌曲。

致辞。致辞者依次为组织方的代表、上级主管部门的代表（没有上级主管部门的则没有此项）、地方政府的代表、合作单位的代表等。发言内容应言简意赅，每人不超过 3 分钟，重点应分别为介绍、道谢和致贺。

剪彩。在剪彩之前，主办方应向全体到场者介绍剪彩者。此时，全体人员热烈鼓掌，必要时还可奏乐或燃放礼炮。

参观。剪彩之后，组织方领导陪同来宾现场参观。仪式至此结束。随后主办单位可向来宾赠送纪念性礼品，并以自助餐款待全体来宾。

**现场礼仪**

只有一位嘉宾剪彩，剪彩时站在彩缎中间。多人时就要重视同时上场剪彩时的位次。一般中间高于两侧，右侧高于左侧，距离中间站立者越远，位次越低，即主剪者居于中央的位置。之所以规定剪彩者的位次“右侧高于左侧”，主要是因为剪彩仪式是一项外来仪式，大家都习惯遵守国际惯例。

当主持人宣布剪彩时，礼仪小姐登场排成一行，拉彩者和捧花者站成一行，拉彩者在两端拉直红色缎带，捧花者各自双手捧着花团。托盘者站立在拉彩者和捧花者身后一米左右，自成一行。

剪彩嘉宾在引导员的引导下，从仪式现场右侧登台，各就各位。剪彩嘉宾到达既定位置后，托盘者前行一步，站在嘉宾右后侧，以便为其递上剪刀、手套。

剪彩嘉宾是多人，登台时列成一行，主剪嘉宾走在前面。在主持人向全体到场者介绍嘉宾时，面含微笑向大家欠身或点头致意。

剪彩嘉宾走到既定位置后，礼貌地向拉彩者、捧花者含笑致意。这时托盘者前跨一步，站到嘉宾右后侧，左手托盘，递上手套、剪刀。嘉宾接过后微笑致谢，戴上手套、接过剪刀。

正式剪彩前，嘉宾应首先向拉彩者、捧花者示意，待一切准备完毕后，集中精力，右手持剪刀，表情庄重地将红色缎带一刀剪断。

按照惯例，剪彩以后，红色缎带花团应准确无误地落入捧花者手中的托盘里，而不能掉到地上。所以如果多名嘉宾同时剪彩，必须注意动作的一致性，和主剪嘉宾配合协调一致，力争大家同时将缎带剪断。

剪彩成功后，可以右手举起剪刀，面向全体到场者致意。然后把剪刀、手套放到托盘里，鼓掌致意。接下来，剪彩嘉宾中有主办方领导时，其他嘉宾可以与之握手道喜，并列队在引导员的引导下从右侧退场。

**仪式从简**

现在全社会都倡节简、戒奢华，这种清新之风也同样影响到了剪彩仪式。从简的剪彩仪式一般这样操作：缎带两端拉好，花团用支架（花架）支着，不用捧花者；有的甚至把缎带直接换成细些的装饰彩带，没有花团。协助者只有一位，托盘递剪刀者也可以只有一位，逐个送到每位嘉宾面前。

**现场致辞**

当自己以嘉宾身份参加剪彩仪式时，经常需要现场致辞。和其他仪式一样，来宾的剪彩致辞也要求围绕恭贺主旨，表达简练。示例如下：

尊敬的各位来宾，各位朋友：

今天很高兴参加 ×× 大厦的剪彩仪式。在此，我代表今天的来宾，谨向 ×× 大厦开业表示衷心的祝贺。

×× 大厦总经理 ×× 是我市的工商联会长。他从一个电器维修工，发展到今天开这么大的商厦，经历了创业的艰难，也证明了创业的成功，并且在社会上做了许多善事，所以赢得了顾客、赢得了口碑、赢得了市场，发展壮大了自己的事业。

做生意就是要做大生意，干事业就是要干大事业。祝愿 ×× 大厦不断扩大经营规模，不仅要面对本市的市场，也要面对周边城市甚至全省。

最后，祝××大厦开业大吉，生意兴隆。谢谢大家！

**小提示大道理**

商务交往中，应使我们的形象或举止、言谈符合相应场合的要求：该正式就正式，该放松就放松。这样才更加得体，更具交际效果。

# 第八课

# 国际交往求同存异路更宽

THE
EIGHTH LESSON

## 他山之石

2007年1月，巴黎某国际大会上，女宾如云，其中包括多国女外长。法国总统希拉克用传统的吻手礼欢迎尊贵的女嘉宾的光临，依次吻了美国国务卿、奥地利女外长、希腊女外长和加拿大女外长，但当轮到英国女外交大臣玛格丽特·贝克特时，希拉克却和她握手致意。希拉克因人而异的见面礼节立即被解读为他有意亲疏有别，以此表达和英国首相布莱尔长期不和的政治态度及英法两国之间的恩怨。

所以，国际商务交往中，我们的礼节如何，代表的并不是个人的一时疏忽或意志喜好，而是代表单位甚至国家的形象。所以，国际商务交往中，应努力做一个懂礼、守礼、律己敬人、风度翩翩的中国商务人。

不同的国家、不同的民族往往有自己独特的民族文化、民族心理以及由此带来的不同的礼仪文化。要做到相互理解，首先就要对不同的礼仪文化有所了解。只有了解，才能理解，才能做到尊重，国际交往中才能从骨子里流露出一份自信和从容。

## 有趣有异的见面礼节

鉴于文化和传统的差异，世界各地有多种见面礼节。在国际商务交往中，了解和行使不同的见面礼节，更显商务人士的翩翩风度和见多识广的大格局。

**拥抱礼**

在国外，拥抱礼是十分常见的见面礼和道别礼。

行拥抱礼时，两人面对站立，各自举起右臂，将右手搭在对方左臂后面；左手扶住对方右腰后侧。以自己的方向来说，先左侧拥抱，再右侧拥抱，最后再次左侧拥抱。拥抱时，也可以用右手掌轻拍对方的左臂后侧，以示亲切。普通场合拥抱次数一下、两下或三下都行。

拥抱时间的长短，视双方关系亲密程度而定。礼节性的拥抱一般时间较短，双方身体也不必贴得很紧。在欧洲、美洲、澳洲等地区，男女老少之间都可以行拥抱礼。而在亚洲、非洲的绝大多数国家，尤其在阿拉伯国家，拥抱礼仅用于同性之间。

即使在美国这样个性张扬的国度，拥抱也要看场合、关系，并不是任何一个陌生异性之间都可以拥抱、亲吻的。现在的美国，男士即使拍拍女同事肩膀，都有可能会受到警告。

东欧的斯拉夫人十分热情，拥抱的动作最大，热烈而有力，被称为“熊式拥抱”。而拉美人的拥抱如同握手一样普遍。

中东、西欧和非洲的有些民族则有拥抱肩头或脸颊的习俗。在也门，当晚辈拜见或告别长辈，要用双手紧紧抱住长辈的双肩，并尽情亲吻其肩头。而在西班牙，男士见面则有拥抱肩头的习俗。

喀麦隆人、中非人和埃塞俄比亚人则有“拥抱脸颊”的习俗。在喀麦隆，亲友见面时，先握手问候，然后要互贴脸颊以示亲热。为使两人的脸颊紧紧地贴在一起，双方均要用手抱住对方的头用力往自己脸上搂。在中非，要抱住对方的头往自己右脸颊上贴一下，左脸颊上贴两下。在埃塞俄比亚，亲朋好友见面时，总是互相搂住对方肩头，让双方的脸颊频频相碰，接触的次数越多，说明关系越密切。

**贴面礼**

贴面礼经常和拥抱礼一起使用，主要在欧洲和阿拉伯地区使用，尤其是法国。

行礼的时候，两人面对面站好，相隔大约可以互相拍肩膀、握手的距离，把头伸出去，一边脸稍仰起来，轻轻地在对方同样伸过来的脸上贴一下，同时嘴里发出“啧、啧”的亲吻声。注意，只是发出声音而不是真的亲吻。贴脸的次数，两下、三下、四下都有，法式贴面礼贴五下的都有。就自己的方向而言，一般先贴右脸。在阿拉伯地区，贴面礼只限于熟识的男士之间。

**吻礼**

吻礼分为两类：一类是亲吻礼，即两人面部接触并以吻表达情感的礼节。另一种是吻手礼，是以吻手背表达情感的礼节。

欧美人，特别是意大利、法国、荷兰、德国、美国人，多喜欢“亲吻礼”，但亲吻礼对象不同，亲吻的范围界限也不同，“不能越雷池半步”。而英国人见面很少用到拥抱礼和亲吻礼，常以握手为礼。

行亲吻礼时，往往与一定程度的拥抱相结合。亲吻礼依双方关系的亲疏程度不同，亲吻的部位也不同。父母及长辈对子女及晚辈一般只吻额头部位；晚辈吻长者，只能吻长者的下颌部位；朋友、同事间一般吻左右面颊；情侣或夫妻之间吻嘴唇，以示爱慕之心；交往不深的男女之间，男士只能吻女士的手指或手背。

阿拉伯国家的吻礼只亲吻对方一边面颊，且限于男士之间。

行吻手礼时，男女双方相距约 80 厘米。眼睛注视着对方，男士主动弯腰向前鞠躬，向女士发出吻手礼的邀请。女士如果愿意接受吻手礼，则伸出右手，手心向下，手轻轻向左前方抬起约 60°。男士则抿住唇部在女士手背上轻吻一下，再将手缓缓松开，礼毕。手腕及其以上部位是行礼时的禁区。如果女方不伸手，则不宜行吻手礼，但如果女士在行吻手礼后有擦手的动作，是对行礼男士的莫大污辱。行吻手礼时要一视同仁，不能厚此薄彼。

在英国，任何男士都不允许向英国女王行吻手礼，否则被认为是一种冒犯。俄罗斯前总统叶利钦不顾英国王室禁忌而强吻英国女王的手，让英国人尴尬至今。

行吻手礼仅限于室内，在街道上或是车站、商店等公共场合都不适用。

**合十礼**

合十礼，就是双手十指并拢相合为礼。双掌十指在胸前相对合，五指手指并拢向上，掌尖与鼻尖基本持平，双手掌尖略向前倾斜，双腿站直，上身微欠，低头。行礼时，合十的双手举得越高，越体现出敬重对方，但原则上不高于额头。

行合十礼时，可以口诵祝词或问候对方，也可以面含微笑，但不能反复点头。在东南亚、南亚信奉佛教的地区以及我国傣族聚居区，合十礼使用普遍。

**鞠躬礼**

鞠躬礼，在国内，除服务岗位的接待场合外，主要适用于向他人表示感谢、领奖或讲演之后、举行婚礼或参加追悼活动等。

行鞠躬礼时，脱帽立正，双目凝视对方，然后弯腰、上身前倾，女士双手自然相搭在小腹前，男士双手自然放在体侧。下弯的幅度越大，表示的敬重程度就越大。鞠躬的次数，三鞠躬使用场合比较严谨，一般用于深切的缅怀哀痛场合，比如追悼活动。

日本、韩国、朝鲜，鞠躬礼应用普遍。

## 寒暄闲聊多有不同

詹莫斯·尼芮是新闻记者，她刚刚从北京回到纽约总部。在办公楼乘电梯时遇到了一位中国同事，她笑着跟中国同事打招呼，这位同事关切地说："詹莫斯，你胖了！"詹莫斯·尼芮说，如果她以前没有来过中国的话，中国同事说了这样"关切"的话，可能会让她顿时瞠目结舌、产生误解。她现在知道了，中国同事这样说不是对她无礼，那只是向她表示友好和关心。

寒暄闲聊中，中外差别尤其明显。

我们中国人热情好客，人际交往中饱含热情和坦诚，嘘寒问暖时似乎没有可保留的。像年龄、职业、收入、婚姻状况、子女等，觉得都是理所当然的闲聊话题，而且觉得这样是在表达自己的关爱之情，这是对方的幸遇，并不是谁都能获得这样的待遇。

我们常说的"去哪儿""忙什么呢""吃了吗"等，都只是类似于"你好"的寒暄语，对方其实不必针对性地回答。但如果这样来问候国外人士，在他们看来，就有干涉他人私事嫌疑，显然会让对方无法接受。而“吃了吗”这句话，在外国人看来和打招呼没关系，他们会从字面理解，认为你是邀请吃饭。如果他们确实还饿着肚子，就会真的跟你去吃饭了（如图 8-1 所示）。

比如所买物品的贵贱，在我们看来同样是寒暄闲聊的话题，甚至就此聊到其他话题。但在外国人看来，如果询问所买物品的价格，会认为你是在探问对方的经济条件、能力而招致反感，所以同样是不能用来寒暄、闲聊的谈资。

在国外特别是西方国家，像年龄、地址、工作单位、收入、婚姻、家庭、信仰、个人行为动向等话题都是隐私范畴，忌讳他人问及，不能用来寒暄。我们经常在国外的影视作品中看到，即使是好友之间，想问个人婚姻状况时，也往往支支吾吾半天后才说“我知道，我不该问你的私事。你知道，我只是想关心你。不知道你现在……”

外国人特别是西方人见面时，如果是上午则说“早上好”，下午则说“下午好”，傍晚则说“晚上好”。和熟人打招呼则说“你好”作为开场白。谈论天气显然不存在干涉他人隐私这样的问题，所以，寒暄时使用最频繁的话题就是天气的状况或预测“今天天气看起来不错”，然后再谈及其他，如所处环境、正在做的事情（如电影、图书、其他商品等的评价）、个人爱好、体育、音乐、电视节目，或者共同感兴趣的话题。

图 8-1 “吃了吗”不宜做寒暄内容

## 你的谦虚他们不懂

美国朋友盖特告诉我，他刚来中国工作时，觉得中国人的能力太差了。看到我面露不悦，他赶紧解释：刚接触中国同事时，以为中国人的工作能力很差。因为他听到中国同事满口都是“我试试吧”“我做得不行”“我尽量”。盖特说，时间一久，他才发现原来这是中国人的谦虚文化。盖特坚持告诉我：这种谦虚的语言方式容易给中国人和外国人的交流带来障碍，至少他和美国籍同事都这么认为。

赞美不仅能使人的自尊心、荣誉感得到满足，更能让人感到愉悦和受到鼓舞，从而会对赞美者产生亲切感，使彼此关系更加亲近。

中国人和外国人尤其是西方人在对待赞美的态度上大不相同。中国人认为谦虚谨慎是一种美德，习惯于委婉、含蓄地表达自己的情感，直接表白显得唐突、失礼；得到赞美时又要表现出谦虚的样子，即使内心接受，也不能正面承认，否则就会被认为“王婆卖瓜，自卖自夸”。

外国人特别是西方人，一般不喜欢谦虚，习惯于坦率、大方、直接地表达自己的情感，无论是赞美他人还是被他人赞美。被赞美时会欣然接受并表示感谢，认为这样是在表明自己认为对方的赞扬是诚心诚意的，所赞扬的事是值得赞扬的，应该接受。这既是肯定自己的能力，也是肯定对方的眼光。对于中国人谦虚的回答他们反而认为无法接受，认为要么是没有能力的表现，要么是不诚实。

外国人还常把赞美作为双方交谈的引子。赞美的内容主要有个人的外表、新买的东西、个人在某方面的出色表现等。通常称赞他人的外表时只称赞对方努力打扮的结果，而不是他人的天生丽质，因为天生丽质只是父母给的而不是自身努力的结果。所以赞美发型的很多，而赞美漂亮头发的很少。

在赞美用词上也有明显差异。中国文化一向把谦虚视为美德，当一个人受到赞美或夸奖时，我们往往会否定对方的赞美之词，贬低自己一番以示自谦。往往会说“不，我还差得远呢”或说“不敢当”“我不行”之类的话。如“您的法语讲得很棒”。中国人的回答往往是：“过奖了，马马虎虎吧。”“菜做得真好吃。”“随便做的，做得不好，凑合着吃吧。”而外国人总是高兴地回答“谢谢”以表接受。如“您法语讲得很好”，外国人的回答往往是“谢谢”。“菜做得真好吃”，外国人的回答往往是：“很高兴你能喜欢！”表现出一种自信的理念。很多外国人甚至把过谦视为自卑，是在他人面前表示自己是无能之辈。

江教授邀请即将回国的几位来华访问的学者到家里做客。为表示热情，擅长厨艺的江教授亲自下厨忙活了大半天。当这些外国客人看到满桌色香味俱全的菜肴时，纷纷予以赞美。面对赞美，江教授客气地说："也没啥好招待的，随便做几个小菜，大家就凑合着吃吧。"客人原本兴奋的表情这时似乎多了些诧异。

我们请客吃饭，不管菜品多丰盛，总要谦虚几句。这些客套话外国人听了心里可能会不舒服：你不拿好菜招待我，可见不在意我，没有诚意和我交往。

对他人感谢我们的话，我们习惯于谦虚地说："不用谢，这是我应该做的。"而在外国人听来则可能认为你对他的帮助仅仅是迫于义务，从而造成误解。

总而言之，在和外国人交往中，需要慎重使用中国式谦虚；对待赞美或肯定，尽管欣然接受，说声"谢谢"。

## 演讲发言少说套话

《人民日报》2009年6月12日，著名外交官吴建民的一篇"官员念稿念到脸通红，'尊敬'一讲3分钟"的报道，在社会上引起了广泛共鸣。报道中援引吴建民的经历说，有的代表团万里迢迢到国外招商，请了很多人，介绍自己的省份或者城市，结果一上台先说天气："在这个春暖花开的季节，我来到美丽的巴黎，巴黎人民有光荣的革命传统……"好不容易讲到正题了，又是一大堆让人云里雾里的话语，把大量时间浪费在套话上。一些人一上台就是"尊敬的

××、尊敬的××”，8个“尊敬的”下来，3分钟就没有了。吴建民认为发言应开门见山，套话必须适可而止。

被邀请发言时，应礼貌地向对方表示感谢后就欣然接受，这时候不能再推辞、客套。处在什么样的位置上，就应该恰如其分地发言，如果不是代表一定的身份，就不应动不动说代表自己的国家。同时，发言时应该尽可能地“速战速决”，并不是说的时间越长，人家越喜欢听，就越能听得明白。美国前总统林肯最著名的“葛底斯堡演说”花了不到3分钟的时间，却成了美国最精彩的文章之一；而马丁·路德·金“我有一个梦想”的演讲只花了17分钟却激励了一个时代。

没有必要面对意大利人，开篇大谈特谈意大利的悠久历史和灿烂文明，这一点意大利人自己更清楚。而有一些特殊的名词，比如中国的“解放”“改革开放”“十一届三中全会”等字眼不应该出现在中国人对外的发言中，这些字眼对国外人士来说根本不知道你在说什么。这样特殊的名词如果用具体的年份表示则更能让人明白。

发言时，不用在称呼上给对方戴高帽，比如“尊敬的……”可以直接说“女士们、先生们……”首先就要开宗明义地感谢对方，言简意赅，一两句话就行了。即使觉得有必要评价对方的历史、文化，也就是三两句话的事，不用费上几分钟。应该多用数字说话，这样更显得准确、精练，最忌讳那种“好像”“大概”“可能”模棱两可的用词，这样的用词会让人觉得你是浪费大家的时间。发言是为了谈问题或者提出办法，所以发言时应该尽快进入实质问题，时间就是金钱，不能寒暄不止、本末倒置。

发言要开门见山，多用短句、通俗易懂的话，尽可能少一些文绉绉的语句。大家时间都很宝贵，而且最能打动人的，往往不是非常复杂的句子，而是简单的话、短句子。

发言时，不应计较身份地位的差别。畅所欲言，没有必要吞吞吐吐，让他人听不到发言主旨。

自己发言时，应不时地和在座者眼神交流，不能只顾低头看发言稿。他人发言时，应该关注发言者，不时在表情上交流，比如不时微笑、点头等予以配合。他人发言，哪怕有不同意见也要耐心听人家把话说完再发言，打断他人说话是非常失礼的。

## 务必尊重他人隐私

电影《土婆婆洋媳妇》中，留洋博士魏国留学归来，而且还娶了洋媳妇爱玛。魏国将母亲从老家接来和他们同住，让母亲享享福，也带带孙子。虽然爱玛觉得和婆婆同住不能享受二人世界，在带孩子的理念、生活方式上差异也很大，但在魏国的努力下，也基本相安无事。一天晚上，爱玛浪漫地捧着一杯红酒享受小资情调时，发现她桌上的化妆品被动过了！原来，婆婆去她房间清洁桌子时打开香水好奇地闻了闻。爱玛积累已久的情绪一下子爆发了：她无法生活在没有任何隐私的环境中。由此揭开了令魏国里外不是的婆媳大战。

有学者认为，中国是群体文化，所以在意他人的感受，并且积极地、语言直接地关爱他人，受关爱者也以此倍感温馨。

而西方及受其文化影响的地区，个体文化盛行。在此文化体系之下，突出、强调个体感受，普遍讲究尊重个人隐私，并且将尊重个人隐私与否，作为衡量一个人是否有教养、是否尊重他人的重要标志之一。他们认为，凡是关于自己的、无关他人的事，他人就无权过问，如果谁蓄意打听并传播，便是侵犯了隐私权。即使去医院看病，医生都是单独与患者讨论病情，如果夫妻同在，另一方也想和医生一起讨论病情，也必须获得患者本人的同意。

在美国，对于私人住宅内部活动，如果未经当事人同意，拍摄照片都被认为是侵犯个人隐私，都是非法的。即使是美国总统，没有获得允许也不得踏入民宅半步。

美国前第一夫人杰奎琳改嫁希腊船王后，自由摄影师加雷拉利用长焦镜头偷拍杰奎琳在私人住宅的画面以及肯尼迪的小孩在私立学校中的镜头。于是法院判决加雷拉的行为构成侵犯个人隐私，判决加雷拉不能近距离接触杰奎琳，必须与杰奎琳保持25英尺以上的距离，而与肯尼迪的小孩保持30英尺以上的距离。

私人物品是不允许被“动”的，即使是夫妻之间。如果收到一封信，只有收信者本人有权拆，而其他任何人拆了，收信人都有权告他侵犯隐私权。

中国人的隐私观念相对比较薄弱，讲究团结友爱、相互关心，所以往往很愿意了解、体谅他人的酸甜苦辣，对方也往往愿意坦诚相告。而外国人则非常注重个人隐私，不愿意向他人过多提及自己的事情，更不愿意让他人干预。像中国人第一次见面往往会询问对方的年龄、婚姻状况、儿女、职业甚至收入，这样的询问在中国人眼里是一种关爱，并常常以此为话题拉近距离，但在外国人眼里却认为这侵犯了他们的隐私。

在中国，熟人相遇时往往无所顾忌地说："近来发财了？看你都发福了！""呀，你瘦了，都忙啥了？"人们认为这是在关心他。而在国外如果这么问，即使关系很熟，也会让他们感到尴尬和难以回答，他们认为这样问是极不礼貌的。

国际交往中，以下都被视为个人隐私：

收入支出。收入反映一个人的能力和地位，关系着自己的脸面，所以忌讳他人打听。如果一个人探听他人的收入，则可能有炫耀之嫌。此外，还包括个人的支出，如纳税数额、银行存款等与收入相关的问题。

年龄大小。外国人无论男女都希望自己永远年轻，永不言老。特别是外国女士，更忌讳他人知道她的实际年龄。

恋爱婚姻。如果向异性打听婚姻、爱情问题，则难免会有被认为别有居心，招来误会。

身体健康。外国人十分反感他人对自己的健康状况关注过多。

家庭住址。外国人视自己的私人居所为私人领地，不喜欢他人干扰。除非至交，否则一般不会邀请外人去家里做客。

个人经历。如曾经在哪里工作过等问题，这绝对是个人的事情，他人不必知道。

所忙何事。外国人不喜欢他人询问最近忙什么等的问题，即使关系亲近的人，这样问也会被认为是不礼貌的。

## 国际礼品馈赠讲究多

几年前，某单位应邀去法国访问，法方给每人都送了一份精致的小纪念品。中方老总认为法方太小气，私下对助理说：“太小气了，万里迢迢地来，送这么个小玩意儿，顶多值100块钱吧！下次回访，让他们知道什么是待客之道。”后来法方回访时，中方老总代表公司给法方几位贵宾每人订制了一份精美的礼品，价值好几千。令中方没有想到的是，法方竟然拒绝接受礼品，他们表示，感谢他们的好意，但接受这样贵重的礼品是在受贿，这让他们难堪，无法和他们合作。中方老总的“待客之道”，带来适得其反的效果。

无论在哪个国家，初次交往中，交往双方互赠礼品是基本的交往之道。恰当的礼品可以有效地表达彼此的善意和良好祝愿。

鉴于风俗习惯的不同，无论是礼品选择还是赠礼、受礼，中外都有很大不同。中国人在选择礼品时，往往认为价值高的就是好的，价值低了“拿不出手”，不太注重礼品的包装，甚至不包装；认为送现金或营养品是非常实用的方式；在赠送的时候也倍加谦虚，会说“随便买的”“也是别人送的，放在家里没用”之类，接受者也是再三推辞，最后才“勉强”收下。

在国外，选择礼品时，特别要注意分析交往对象的心理，投其所好地选择本地具有地方或民族特色的物品。这样的礼品在任何人看来都是最有纪念意义的。礼品的挑选要考虑到受礼人的性格、爱好与品位；要考虑到不同的国家、民族或地区不同的风俗习惯，因为同一件物品，在一个地区是受人欢迎的，在另一个地方则未必。

礼品本是表达善意和良好愿望的，所以禁忌是任何人都不能触及的“雷区”。一旦触犯，会产生相反的效果。所以不要触犯对方的宗教禁忌、民族禁忌和个人禁忌。

要注意礼品的品种、色彩、图案、形状、数目和包装。总体来说，现金和有价证券、贵重的珠宝首饰、药品与营养品、广告类的或宣传用品（上面有单位名称或广告语的物品）、为受礼人所忌讳的物品、涉及国家或商业机密的物品、私人物品（如内衣、化妆品）等，都不宜作为礼品。水果一般不作为礼品赠送。应邀去家里做客，很多国家流行送酒，但只送一瓶；如果送两瓶，来个“好事成双”，反而会被认为你嫌他是个酒鬼了。

另外，赠送礼品不必太多考虑礼物的实用性，也不能选择昂贵的，最好能和对方所赠送的价值差不多，并要有观赏价值和品位。还应注意礼品的包装，外国人认为礼品的包装也属于礼品的组成部分，甚至有时候包装所花费的费用比礼品本身价值还要高。

所不同的是，送给阿拉伯人的应是贵重礼品，这样他们才会认为符合礼节。他们在赠礼后，同时也希望收到同样贵重的回礼，因为阿拉伯人认为来而不往是有失尊严的事情。喜欢丰富多彩的礼品，喜欢“名牌”货，而不喜欢不起眼的古董。送礼品给阿拉伯人的妻子被认为是冒犯。

在国外，赠送礼品时要郑重其事地双手递给对方，并说“这是我精心挑选的，希望您喜欢”之类的话。像中国式“这是随便买的”“不值几个钱”等客套话，会让他们觉得你真的是随便买的、并不在意这份友谊（如图 8–2 所示）。如果能够在对方欣赏礼物的同时，将礼物的背景、内涵和意义等逐一解释给对方听，甚至适时地插入一些历史典故，当然更好了。

当接受他人赠送的礼品时，应恭敬有礼地双手接过，并同时致谢。如果用中国式的再三推辞，这时候会被外国人理解为真的不接受这份礼品而只好尴尬地收回。如包装好的礼品，还应当面拆开后对礼品夸奖一番。如果收到寄来的或派人送来的礼品，要及时复寄一张名片或简函，以示谢意。

图 8-2　馈赠岂能“随便”

# 国际旅行住宿要注意

来自《法制晚报》的消息。美国第二大团购网站 Livingsocial 日前发布的调查结果称，美国、加拿大和澳大利亚人心目中的全球最差游客排第二的是中国游客。中国游客被认为不讲卫生，不懂礼节，不遵守公共秩序；在机场禁区办手续和进行安检时践踏黄线，在飞机上争夺行李架空位……

当然，现在我们出国的人员也懂得哪些是不受欢迎的行为，懂得举止言行的文明了。

出国旅行时，首先要准备齐重要的证件票据。如机票、护照、身份证等重要东西，不但要谨慎保管，而且在出发前还可以多复印几份留在家里备用。另外，证件照片、现金、信用卡，甚至国际驾照、有效的联系电话等，最好也分门别类地整理好放在随身携带的包里，这样需要使用时就能加快办理各种手续的速度。在国内，手机支付就可以搞定一切，但在国外还是有很多地方不支持我们的手机支付。

在欧洲，饭店内电源插头的插孔大都是圆的，电压有的国家是110伏，有的国家是220伏，这些都要提前了解清楚。西方国家很多饭店都不配备牙具、剃须刀和拖鞋，最好自带；大部分饭店不提供电热壶或者热开水，如果喜欢喝热水的话，可以随身带一个电热杯。

可能很多人都还记得当年风靡一时的电影《不见不散》中的一

幕：刘元把一批从内地来洛杉矶的游客安顿到当地旅馆中，晚上他们冲刘元大叫“美国旅馆怎么连热水都没有……”

需要准备常用药。VC、感冒药、创可贴、消炎药、止痛药等要带在身边。必要的处方药还要请医生开具病历单并用英文（或相应所在国的文字）书写，这样在国外必要时，可以尽快获得药物治疗，既可节省排队候诊、医生问诊的时间，还能节约费用。

不同国家对带入或带出的现金金额有规定；对可以带入或带出的物品也有规定，有些在我们看来是正常物品但在海关看来是违禁品，这些事先必须做好了解，避免不必要的麻烦。

有的国家购买隐形眼镜需要有医生的处方证明。如果用日抛型隐形眼镜，最好准备足够的数量。

对女士来说，去阿拉伯国家应该准备头巾，去佛教国家不宜穿短裤短裙。商务往来的话，还应准备一些小礼物，无论是较正式的公务会谈还是私人间的交往，一件精心准备的小礼物会让自己更受欢迎。即使是纯粹的外出旅游，适当带几件有特色的小礼物给当地的导游、陪同等，也会备受欢迎。

在公共交通工具上，无论飞机还是火车，牢记四句箴言：“爱护环境、遵守秩序、保持安静、尊重他人。”或许在中国没人和你计较这些，可一旦在国外，必须要注意，否则就可能不仅仅是不礼貌的问题了。即使不熟悉外语，建议学几句急用的外语对话，哪怕写在纸上放在口袋里也行，避免出现意外情况时无法沟通而产生误解。

据 2012 年 2 月 21 日的《广州日报》报道：一架即将从关岛飞往中国的飞机上，一对中国夫妇对美国空姐请他们变动箱包的位置以方便其他乘客放行李的建议置之不理，并对空姐连续大喊“you shut up”。结果最终被五名荷枪实弹的美国警察“请”下了飞机。

在酒店里住宿，当门童为自己开启大门，或向自己问好的时候，要表示感谢或予以回应。碰上酒店保安因职责所在打量或盘问自己的时候，要予以理解和合作。当接受酒店里所提供的各项服务时，对为自己服务的工作人员要充分尊重和体谅。另外，穿着睡衣、拖鞋走出客房，以及在酒店内或窗外晾晒个人衣物，都被认为是没有修养的行为。

档次越高的酒店设备越先进，遇有不明白的地方，可以直接询问服务员。而且有任何疑问或其他难题，都可以向客房服务员、总服务台或公共关系部门咨询或求助。

国外乘出租车和国内有所不同。在国外有些国家，必须在出租车招呼站才能叫到出租车，除非刚巧碰到有人下车的出租车才能直接上车。意大利则是被称为“打不着出租车的国度”，因为意大利出租车多设在机场、火车站和市中心的一些广场，用车一般要打电话预约。在英国，打电话叫出租车非常方便，如果在路上拦到了空车，价格会比预约的贵不少。在韩国，打电话叫的出租车往往是高档的，价格也较贵。在巴黎乘出租车时，坐到副驾驶座之前，先看一下有没有宠物狗的标志，如果有就意味那是狗专席，乘客只能坐在后面。

不管是旅游目的地还是餐厅等一切场所，一定要注意遵守当地习俗、规定，这是基本的礼貌，也是获得他人尊重的前提，千万不要用“我是客人”“我花钱了”就无视规则。否则，不仅容易带来不愉快的体验，还会招致不必要的麻烦。

来自《新京报》2018年6月9日的消息：两名中国女游客在日本大阪的自助烤肉店和店员发生冲突的视频，引起热议。两名女游客认为因为自己是中国人而遭受种族歧视。

当地电视台和店家很快呈现了事情的原委。两名中国女游客选的是90分钟随便吃的烤肉海鲜自助餐厅。用餐期间，虾壳被随便扔到地上；而且自助餐用餐超时，店员两次提醒都被无视；日本人对隐私权和肖像权非常注重，这两位女游客未经允许就私自拍摄视频，无视店员的制止……

媒体评论认为，这起事件更像是顾客不守规则和店家自主制衡引发的纠纷，跟“种族歧视”是两码事。“种族歧视”这个名头，背不了不守规则“这口锅”。

近年来，国人在境外旅游时，时而被曝出不文明举止，从埃及神庙刻“到此一游”，在卢浮宫外泡脚，华尔街骑铜牛……出国在外，管好自己，不当巨婴，就是爱国。

和国内不一样的还有小费问题。在酒店，小费占消费总额的10%~15%；在餐厅，小费占消费总额的5%~20%；出租车，小费一般为15%左右；在酒吧，小费占消费总额的15%。宾馆门童，应该在1美元左右；客房服务员的小费在1~2美元；在机场、港口、火车站，一般一件行李给行李员0.5~1美元；观看影剧时，给领位员和节目单发放者的小费为0.5~1美元。在日本、新加坡则不用付小费。

## 不一样的饮食观念

很多来过中国的外国人，在赞叹我国饮食文化博大精深、丰富多彩的同时，往往也无奈甚至尴尬于我们的餐桌文化：人人都把自己的餐具直接伸向公用的菜肴里，甚至有人夹菜前先舔舔筷子；多关注菜肴的口感，不太讲究营养；什么可怕的食物都吃；不管客人有几个，菜都点很多……

中国以自己独特的饮食文化让世界食客为之倾倒，但中国和外国在饮食观念上却有很大差别，在国际交往中应该注意。

我们烹调的核心是“五味调和”，注重菜肴色、香、味、形、意俱全，注重菜肴的外部表现和口感，甚至于超过了对营养的注重。对火候、用油、配料都非常讲究，饮食倾向于艺术、感性。几乎每道中国菜都要用两种以上的原料和多种调料来调和烹制。请客时，如果桌上的菜没有满，会被认为是怠慢。大家围坐在一起说说笑笑，敬酒劝酒才显热情，一起营造热闹温暖的用餐氛围。

与此形成对比的是，西餐（非快餐）饮食注重“以人为本”，更尊重个人意志。饮食以营养为最高准则，多从营养学的角度去考虑菜肴的结构和食品成分，倾向于科学、理性。

西餐烹调的全过程都严格按照科学规范行事，牛排的味道从纽约到旧金山是一样的，牛排的配菜也只是西红柿、土豆、生菜等有限的几种。规范化的烹调要求调料的添加量也精确到克，烹调时间精确到秒。西餐正菜中鱼就是鱼、鸡就是鸡、蜗牛就是蜗牛、牡蛎就是牡蛎。所谓“土豆烧牛肉”，不过是烧好的牛肉佐以煮熟的土豆，并不是土豆和牛肉一锅烧。即使是调味的佐料，如番茄酱、芥末糊、柠檬汁、辣椒油，也都是现吃现加。用餐时，都喜欢幽雅、安静的环境，他们认为即使在餐桌上，也要注意自己的礼仪，比如餐具的使用、吃的仪态、声音等。

西餐饮食也表现出他们认为的人人平等观念。所有菜都每人一份，每个人自主决定食物的种类、分量，丰俭由己。可以根据个人喜好，对一些菜肴的做法做出选择，比如西餐中对牛排的生熟程度由自己选择。肉食、面包也有多种可供选择，面包抹不抹黄油果酱随你便，抹完还可以再加。调料在桌子上，撒多少盐、浇多少柠檬汁或番茄汁等，全凭自己的口味，由用餐者自己加。大家各吃各的菜，各用各的餐具，不存在让菜、替人夹菜的行为，吃的东西没有经过第二个人的“污染”，更加卫生。一道菜吃完后再吃第二道菜，前后两道菜绝不混吃，并让用餐者“量力而行”，更符合节约、卫生的饮食观念。

我们喜欢“尝鲜”、吃野味，但在国际交往中必须注意。国外人士一般只吃牛、羊、猪、鸡、鸭、鹅等常见的几种动物肉，像很多中国人爱吃的狗肉、甲鱼及野味等，最好不要上餐桌，即使你认为很美味，也要考虑到和宗教有关的饮食禁忌，比如信仰伊斯兰教的人不吃大肉及其制品；印度教徒不吃牛肉及其制品等。

非洲某国，一家中国建筑公司的员工偷吃了一只狗，当地黑人工人知道后集体罢工抗议。而另据中央电视台2012年2月19日的报道：4名中国籍男子因食用40多只野生乌龟而被津巴布韦警察逮捕，并面临驱逐出境。

请外国人吃西餐，有点班门弄斧的味道，而且你所请的西餐的做法、食材、口感不一定地道，反而不会有好的效果。在中国，当然应该请吃中餐，而且点我们的特色食物，比如春卷、元宵、水饺、扬州炒饭、鱼香肉丝、宫保鸡丁、麻婆豆腐、咕老肉、酸辣汤、北京烤鸭，等等。这在他们看来，既有民族特色，又有新鲜感。同时，最好还能说出这些菜的来历或典故，增加菜品的文化厚重感。菜肴的数量上，差不多够吃就好，用满桌菜来充门面反而让人觉得你不够严谨、铺张浪费，不值得信赖。宴请外国人，我们可以计菜，但不要替人夹菜。同时，用中式的劝酒方式也会让他们难堪：外国人不一定适应中式酒的高酒精度数或者大口喝酒的方式。

## 国际商务谈判礼仪

作为公司的谈判高手，冯经理被委任为首席谈判代表和日本公司谈判，这是公司拓展国际业务后的首次重要谈判。冯经理自信满满，但却以失利而结束。

谈判中，冯经理一行高兴地发现，每当他们提出一个意见时，日方代表都微笑点头。他以为这次谈判特别顺利，“日本人很讲究效率嘛”。直到他拿出合同样本给对方时才震惊地发现，日方代表并没有同意他们的任何条款！这一下子把冯经理他们的节奏全打乱了。原来，以讲究礼仪著称的日本人，在谈判中点头仅仅是一种礼貌，表示“我听到了”，并不表示同意对方的任何观点。

不同的文化背景、思维习惯，在国际商务谈判上表现得尤为明显。国际交往中，要获得最佳的谈判效果，除了我方对谈判预期、策略要做好评估和安排之外，还需要对不同的谈判礼仪有所了解。

我们中国人喜欢在处理细节问题之前，先就双方关系的一般原则取得一致意见，把具体问题安排到以后的谈判中去解决，即“先谈原则，后谈细节”。在商务谈判过程中，非常注意维护面子，看重立场、重视友谊。所以即使是对方做出让步，也说是“双赢”，觉得这样才是“和为贵”。

而大部分国家的人谈判时，习惯于“先谈细节，避免讨论原则”。认为细节是问题的本质，细节不清楚，问题实际上就没有得到解决，原则只不过是一些仪式性的声明而已。所以，他们比较愿意在细节上多动脑筋，把利益看得比立场更重要，对于原则性的立场问题讨论比较松懈。在谈判中对待事物的态度，取决于其是否能为自己带来实际价值，是否会损害自己的利益。

国际商务谈判中，不迟到是起码的礼貌。而且交谈中应尊重当地的习俗，不对他国的政治、宗教等妄加评论，也不宜主动谈论个人私事。一些日常禁忌的礼仪行为在谈判中同样要注意，比如谈判中跷起二郎腿、目中无人地抽烟等。另外，在西方、日本等发达国家，和他们商务谈判时强调自己的政府背景或者政府特殊支持，会被他们理解为不一定能严格按市场规则办事，双方合作意味着难以保证他们的利益。

美国人的谈判总是注重预约晤谈。时间、地点，谈多久，都是预先约定。双方见面之后，稍作寒暄，便开门见山，直接进入谈判正题，反感不必要的废话。而且非常重视律师与合同的作用，谈判时他们尽可能让律师参加。

德国人谈判时，严忌谈判期间神聊或节外生枝地闲谈。

和英国人谈判时，不要拒绝同主人一起去打高尔夫球，因为很多合同往往是打高尔夫球期间签订的。英国人谈判时欣赏对方提建设性意见。因此，应当利用他们的“修养与风度”，耐心细致地启发诱导，并佐之以有说服力的证明材料，有理有据、平和婉转地点出问题，使其出于面子不得不放弃原有立场。

和意大利人谈判时，要把关系的融洽和谈判的利益区别开来，保持清醒的头脑。

和葡萄牙、西班牙商人谈判时，切记不要过分地开诚布公，也不要一下子和盘托出自己的意见，否则会陷入被动。

比利时人注重地位、外表和服装，他们认为谈判对方也应该这样。和他们谈判时，要注意尊重对方，维护其较强的自尊心。

初次和日本、韩国人谈判的时候，通常都要经过中间人。和日方谈判，要把保全他们的面子作为需要注意的首要问题，而耐心是谈判成功的保证。日本人是集体决策，所以可能会多人反复问同一个问题，不要表现得不耐烦。忌用律师、会计师和其他职业顾问作为主要谈判人员。如果有日方高级官员在场，他们的作用只是礼仪上的，和他们讨价还价没有用。日本人把谈判中先做出单方面让步的一方看作是弱者，或言行不一的人。他们在谈判中的“点头”仅是一种礼貌，表示“听到了”，并不是同意或者接受你的观点。

新加坡人以勤奋闻名，通常谈判是快节奏的，常以渐进的方式做出让步，开始时幅度较小，以后每次谈判再做大的让步。

和印度尼西亚人的谈判过程一般较漫长，要有足够的耐心。谈判可以在高级行政人员之间或下级具体执行人之间展开。如果有条件聘用当地代理人则更利于谈判。

和印度人谈判前要做好充分准备，多以事实和数据说话。由于他们的决策来自上层，所以应尽可能地直接与高层人士打交道。谈判中尽可能避免发生争议，一旦发生争议，则应想办法控制局面，转移问题的焦点，避免纠缠不清。

中东各国人不习惯谈判一开始就转入正题，认为这样有失身份。在谈判前和谈判开始时，要主动热情地进行广泛友好的交流，选择他们喜欢的话题，甚至先请他们喝上一杯咖啡，使双方心情放松。时间观念相对较松散，在充分准备的前提下要注意耐心周旋，步步为营，不能操之过急，以防止对方突然中断谈判。

和中南美洲人谈判要尊重他们的自尊心和礼俗。洽谈时把握分寸，留有余地，尽量加强感情的交流，增强谈判桌外的交往，以增进相互了解与友谊。最好不要局限于谈判本身。

## 国际交往避免犯忌

由于自然条件、历史文化、宗教信仰以及民族等的差异，形成了不同的习俗礼仪禁忌文化。在国际商务交往中，我们务必注意禁忌礼仪。犯了“忌”，即使没有引发冲突或矛盾，也容易令对方心生不快，影响双方关系。

**手势禁忌**

据新华网报道，捷克足协纪律委员会于2007年9月6日宣布，布拉格斯巴达队球员霍尔瓦因在一场国内甲级联赛比赛结束后行了纳粹军礼，被处以近1万美元的罚款。捷克足协纪律委员会主席卡罗伊说，霍尔瓦作为公众人物，在球场上做出纳粹手势实在让人无法接受。

右手五指并拢伸直，拇指稍弯，右手臂伸直向上举起约45°，这样的手势是“二战”时的纳粹礼，任何时候都不能用。

竖起大拇指，在澳大利亚表示骂人“他妈的”。和他人谈话时将拇指跷起来反向指向第三者，即以拇指指甲的一面指向除交谈对象外的第三者，是对第三者的嘲讽。

OK手势在巴西和马耳他都表示粗俗、下流的骂人话。

做V形手势掌心向内，是骂人的手势。

对他人竖起中指表示污辱。

掌心向下的招手动作，在美国则表示招呼狗。

**颜色禁忌**

在巴西，曾有过这样失败的例子：日本向巴西出口钟表，因在钟表盒上配有紫色的饰带，由于紫色在巴西被认为是不吉利的颜色，所以使得钟表不受欢迎。颜色和人类的生活密切相关，从衣服的选择到交通信号灯，从建筑物的外观到家居的设置……不同的颜色象征意义在不同民族文化中有很大的差异，有些甚至构成了人们的禁忌。

在传统意义上，中国是个崇红、轻黑、忌白的国家。而在国外特别是西方文化中，红色主要是指鲜血的颜色，使人联想到“暴力”和“危险”。汉学家霍克斯在翻译《红楼梦》时，由于意识到红色可能使现代使用英文的读者联想到“暴力”“流血”，所以采用了小说原来的名字《石头记》。

墨西哥：认为紫色是不吉利的棺材色，所以都避免使用。

阿根廷：黑色、各种紫色和紫褐色避免使用。

巴西：把棕黄色看为凶丧之色，紫色是死亡的象征，黄色表示绝望。

罗马尼亚、捷克、斯洛伐克：将黑色视为带有消极的含义。

希腊、瑞士、马达加斯加、利比亚：禁忌黑色。

意大利：忌紫色。

法国、比利时：忌用墨绿色（纳粹军人服装颜色）。

爱尔兰：忌用红白蓝色组合（英国国旗的颜色）。

匈牙利：习惯以白色表示丧事，黑色表示庄重或丧事。

摩洛哥：忌白色。

埃塞俄比亚：禁忌黑色，出门做客忌穿淡黄色服装。

乍得、尼日利亚：将黑色与红色视作不吉利的颜色。

利比里亚：认为黑色、白色带有消极的含义。

日本：黑色被用于丧事，禁忌黑白相间色、绿色、深灰色。

蒙古：黑色被视为是不幸和灾祸，所以蒙古人不穿黑色衣服。

泰国：过去白色是丧事的颜色，现在改成了用黑色办丧事。还禁忌褐色。

印度：黑、白色和灰色被视为消极的、不受欢迎的颜色。

马来西亚：忌用黄色，一般马来西亚人不穿黄色衣服。单独使用黑色认为是消极的。

新加坡：黑色、白色、黄色为禁忌色。

巴基斯坦：视黑色为消极，禁忌黄色。

埃及：最讨厌黑色和蓝色，认为是不祥之色。

沙特阿拉伯：忌用黄色。但国王身着土黄色长袍，象征神圣和尊贵，一般人不能穿这种颜色的衣服。

阿拉伯联合酋长国、科威特、巴林、伊朗、卡塔尔、也门和阿曼：粉红色、紫色和黄色被认为是消极的色彩。

**数字禁忌**

“3”的忌讳。西方人因战争死亡的恐怖，忌讳数字“3”，特别是同一个火点烟点到第三个人时，有的人甚至会婉拒。

“4”的忌讳。在日本，由于“4”与中文的“死”发音相近，所以日本的医院都没有4号病房和病床。

韩国，很多旅馆没有4层楼，门牌没有4号，韩国军队中也不用4字，没有第4军、第4师、第4团等。

“9”的忌讳。因日语里“9”的发音和“苦”相近，所以也在日本人的忌讳之列。

“13”的忌讳。绝大多数西方人都忌讳“13”这个数字。西方很多旅馆和办公大厦没有第13层楼；有些航空公司没有第13号班机，甚至没有第13排座位，12号之后是12号半，然后是14号；宴会厅的餐座，12号紧接着14号。13号那一天如果又是星期五，更是让人忌讳，许多人不出门，一般也不举行宴请活动。日本人也忌讳13，因为13是4和9的和。

不少印度人不喜欢6和8。

泰国一般不愿用6，因为“6”的发音“浩”是泰语“下坡路、不好”的意思，要同时出现两个“6”、三个“6”就更糟了。

**图案禁忌**

世界各国因历史发展、宗教信仰、民族风情的不尽相同，对图案也有不同的禁忌文化。

在美国人的眼里，蝙蝠是凶神恶煞的象征。

匈牙利人认为黑猫是不祥之物。

捷克人认为红三角形是有毒的标志。

瑞士忌猫头鹰图案，认为那是死人的象征。

德国人忌讳在商业广告和商标中使用纳粹符号及其他宗教性标志。

意大利人禁忌仕女和十字花图案。

摩洛哥人禁忌六角星、猫头鹰图案。

英国人忌大象和孔雀图案。

法国人认为仙鹤是蠢汉和淫妇的代称、核桃花是不祥之物。

印度人忌讳弯月的图案。

日本人对饰有狐狸和獾图案的物品很反感。

狗在泰国、阿富汗是禁忌图案，北非一些国家普遍忌用狗作商标。

女士人体、十字架、六角星、猪形图案，在中东地区，属于禁忌图案。

新加坡人在商业上反对使用如来佛的形态和侧面像，禁止使用宗教词句和象征性标志。

**花卉禁忌**

红玫瑰：红玫瑰代表爱情，不宜给非恋爱、非夫妻关系的异性送。

在国际交际场合忌用菊花、杜鹃花、石竹花、黄色的花送人已成为惯例。

根花：探视患者时，日本人严禁以根花（包括盆花）为礼。

山茶花：日本人在探望患者时，忌用山茶花、仙客来、淡黄色花及白色花。

荷花：荷花在日本是象征祭奠的不祥之花。

白色百合花：在印度和欧洲国家，这是给死者的专用虔诚悼念品。

白色花：在欧洲，人们以花为礼时，除生日与命名日之外，一般忌用白色鲜花。白色的月季在印度和欧洲常作为对死者最虔诚的悼唁品。

郁金香：德国人忌用郁金香为馈赠品，认为它是无情之花。

康乃馨：在法国，康乃馨被视为不祥的花朵。

黄色花：大部分的国家都认为黄色的花不吉祥，一般只在葬礼上才用。

紫色花：巴西人忌用紫色的花为礼，因为巴西人惯用紫花作为葬礼用花。

红色花：在墨西哥，红色花表示符咒，是人民普遍禁忌的颜色。

菊花：大部分的欧洲国家及拉美各国认为菊花是“妖花”，只用于墓地和灵前。

干花：除人造花之外，波兰人忌送干花或枯花。

单双数：在俄罗斯、南斯拉夫等国家如果送鲜花讲究单数，双数被视为不吉利，但不能送 13 朵。罗马尼亚人送花一般送单数，但在参加生日酒会时可以例外。

**饮食禁忌**

据《环球时报》2017 年 9 月 12 日的报道：澳大利亚一则包括印度教象神在内的“众神”吃羊肉的创意广告，引发大批印度教教徒不满。

印度驻澳大利亚外交机构已经发出外交抗议，照会澳大利亚三个政府部门，并称这则广告“冒犯人”“对宗教麻木”。在印度教的教义中，象神是素食主义者，并不吃肉。因此，该广告遭到了全世界印度教教徒的抗议，他们威胁说，如果不道歉，将发起全球抵制澳大利亚肉类加工业的运动。

因为饮食结构、宗教信仰和社会文化以及气候等的影响，世界上不同的民族或宗教，往往都有不同的饮食禁忌。

伊斯兰教徒：不食不洁之物、凶猛之物，包括大肉、狗肉、驴肉、马肉、鹰肉、兔肉、无鳞鱼、螃蟹、鱼肚、海参等，以及动物的血、非阿訇宰杀的动物和自死的动物，禁止喝酒及含有酒精的一切饮料。

佛教徒：不吃荤，“荤”包括一切动物性食品和葱、蒜、韭等辛香味食物；不喝酒。这里主要是指汉传佛教的禁忌。而南传佛教（泰国、越南、老挝、柬埔寨、缅甸、斯里兰卡及我国云南省傣族地区等的佛教）和藏传佛教（又称藏语系佛教，或俗称喇嘛教，是指传入西藏的佛教分支）饮食禁忌较少。

美国人：一般忌食肥肉和各种动物的内脏，不喜欢蒜、韭菜等气味大的食物。

英国人：不吃狗肉和动物的头、爪、内脏、蹄、血等，不爱辣味。

德国人：不吃猪蹄，不吃咀嚼后需要再吐出来的东西，比如螃蟹、河鱼等。

法国人：不吃肝脏之外的动物内脏、无鳞鱼和带细刺的鱼，不吃核桃。

日本人：一般不吃肥肉和猪内脏，也不吃皮蛋（即松花蛋）。盛饭时，忌讳盛得过满过多，也不能一碗就盛一勺。

韩国人：一般不吃香菜、鸭子、羊肉和肥猪肉。吃饭时如果所用的盘子或者碗有缺口会觉得是十分晦气的事情。通常不喝稀粥清汤，认为只有穷人才会如此。

泰国人：不食用牛奶和乳制品，忌食牛肉，不吃蛇肉。

俄罗斯人：忌讳用餐发出声响，不吃海参、海蜇、墨鱼、木耳等。

印度人：食素者特别多，而且社会地位越高的人越忌荤食。菜肴中不用酱油或酱类调料。基本严禁喝酒。印度人大部分都是印度教教徒，忌食牛肉。

## 小提示大道理

国际商务交往中，诚意邀请对方时就不应“模糊化”，而应告诉对方明确的时间。不然，你的好意会被误认为只是客套话。